4.-10. Schuljahr

Alfred Winter

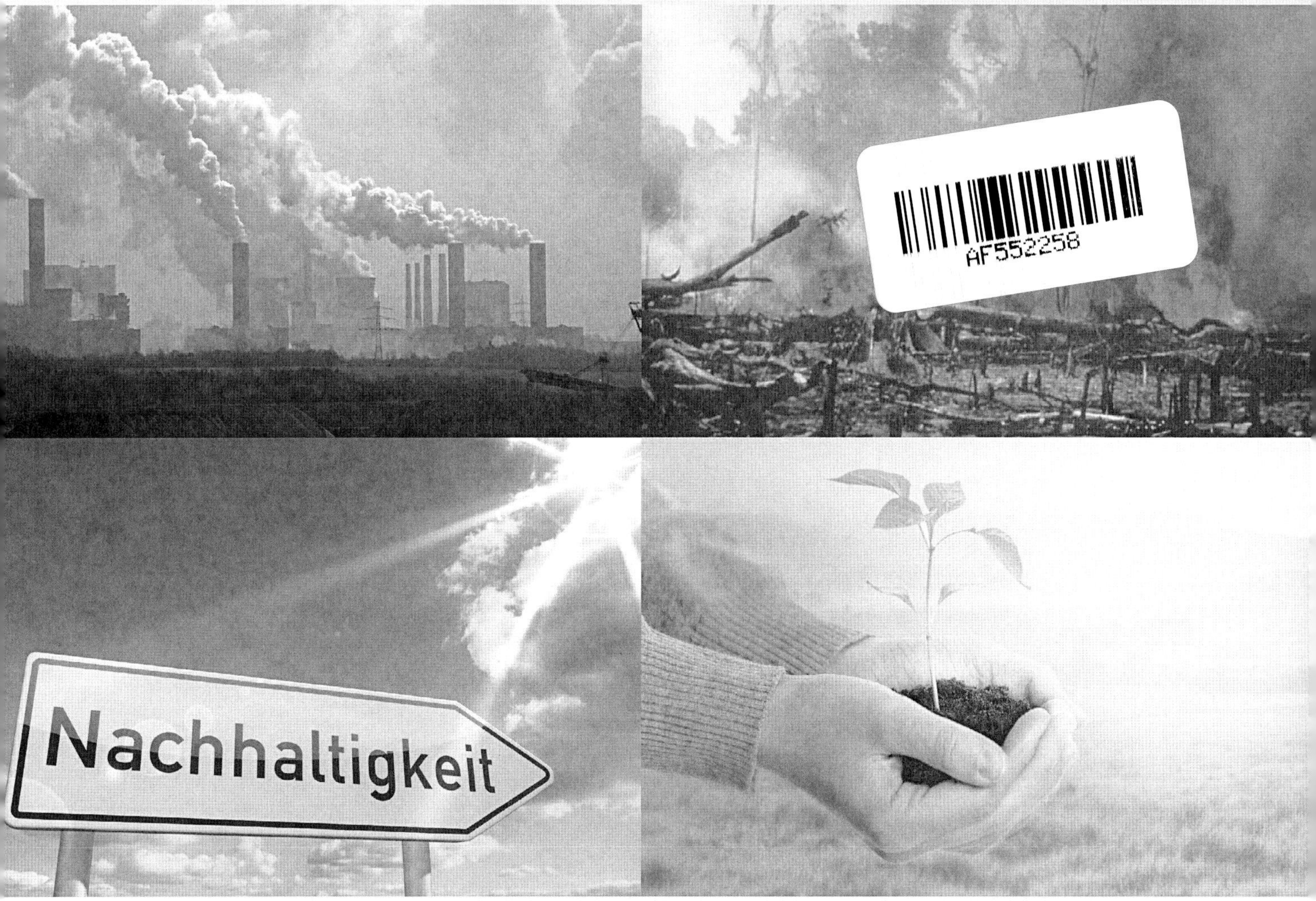

Lernwerkstatt Umwelt & Umweltschutz

Warum Nachhaltigkeit für unsere Zukunft von großer Bedeutung ist

Lernwerkstatt UMWELT & UMWELTSCHUTZ

Warum Nachhaltigkeit für unsere Zukunft von großer Bedeutung ist

4. Auflage 2024

Inhalt: Alfred Winter
Coverbilder: © bluedesign, Christian Malsch & Claudia Otte - fotolia.com
Redaktion: Kohl-Verlag
Grafik & Satz: Eva-Maria Noack & Kohl-Verlag
Druck: Druckerei Flock, Köln

Bestell-Nr. 11 361

ISBN: 978-3-86632-798-6

Bildnachweise:

Seite 3: Stephanie Hofschlaeger / Pixelio.de; Seite 8: wikimedia.org; Seite 12: Frank Fox/ wikimedia.org; Seite 14: Maren Be-ler/pixelio.de; Seite 15: Michael Kümmling/wikimedia.org; Seite 16: bfw, Bundesarchiv B-Bild-DF47741-0020/wikimedia.org; Seite 17: bdk-GFDL-CC-by-sa/wikimedia.org; Seite 23: Dieter Schütz/pixelio.de, Flickr/wikimedia.org; Seite 24: wikimedia.org; Seite 25: Angelika Schmid/pixelio.de, Oliver Haja/pixelio.de; Thomas-Max Müller/pixelio.de; Seite 28: nanosmile/THW/wikimedia.org; Seite 32: RWE; Seite 35: ArtMechanic/ wikimedia.org; Seite 38: Renergon International AG/wikimedia.org; Seite 37: Armin Kübelbeck/wikimedia.org; Seite 42: NRC/wikimedia.org; Seite 43: Eva-Maria Noack; Seite 45: Lienhard Schulz/wikimedia.org; Seite 47: w like wiki/wikimedia.org; Seite 54: wikimedia.org

Inhalt

Lernwerkstatt UMWELT & UMWELTSCHUTZ
Warum Nachhaltigkeit für unsere Zukunft von großer Bedeutung ist – Bestell-Nr. 11 361
KOHL VERLAG

Vorwort

Liebe Kolleginnen und Kollegen,

alle sind sich einig, wir müssen mehr für unsere Umwelt tun. Genau das bestätigt der Blick in die Tageszeitungen oder auf den Bildschirm – beim richtigen Programm.

Ständig lesen, sehen und hören wir, in welchem Ausmaß unsere Umwelt bereits geschädigt und noch gefährdet ist. Nachrichten über das Aussterben von Tier- und Pflanzenarten, über die Bedrohung von Waldbeständen, über die Belastung von Luft, Boden und Nahrungsmitteln überschlagen sich.

In dieser Situation ist es billig, die Verantwortung auf die Politiker abzuschieben. Andererseits ist es so:

Mit einer klagenden Meinungsäußerung ist noch nichts gewonnen, und Politik ist ein lahmes Geschäft.

Umweltschutz geht uns alle an und ist nur dauerhaft effektiv (nachhaltig), wenn wir bereit sind umzudenken.

Und weil Denken allein nicht reicht, müssen wir aktiv werden.

Das wiederum setzt Wissen voraus. Deshalb sollen unsere Schüler* Fakten, Wirkungsweisen und Zusammenhänge kennen lernen.

Die hier vorgelegten Arbeitsblätter sollen genau dazu beitragen.

Viel Freude und Erfolg bei dieser wichtigen Aufgabe wünschen Ihnen und Ihren Schülern das Kohl-Verlagsteam und

Alfred Winter

**Mit den Schülern bzw. Lehrern sind im ganzen Heft selbstverständlich auch die Schülerinnen und Lehrerinnen gemeint!*

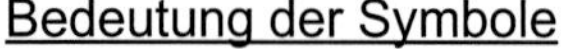

Bedeutung der Symbole:

Einzelarbeit
EA

Partnerarbeit
PA

Schreibe ins Heft/ in deinen Ordner

Arbeiten mit der ganzen Gruppe

Arbeiten in kleinen Gruppen

Lernwerkstatt UMWELT & UMWELTSCHUTZ
Warum Nachhaltigkeit für unsere Zukunft von großer Bedeutung ist – Bestell-Nr. 11 361

An die Schüler/Wahlaufgaben

Liebe Schülerinnen und Schüler,

du wirst dich ab jetzt verstärkt mit dem Thema Umwelt und Umweltschutz befassen. Aber selbst wenn es dir dann gelingt, dich weitgehend umweltbewusst zu verhalten – die Auswirkungen wirst du nicht erkennen können – du bist schließlich nicht allein auf der Welt und in der Umwelt. Und die Wirkungen brauchen lange Zeit, bis du sie wahrnehmen kannst.

Dennoch sollte jeder Einzelne sich umweltbewusst verhalten. Und wenn das Viele tun ... Wie das geht, lernst du mit den Arbeitsblättern.

Und dafür sollst du sofort belohnt werden: Nach zwei erfolgreich bearbeiteten Arbeitsblättern schneidest du eine der jetzt folgenden Aufgaben aus. Wähle aber so aus, dass die beiden Arbeitsblätter und die Wahlaufgabe thematisch zusammenpassen. Dann bearbeitest du die Wahlaufgabe und klebst sie auf die Rückseite des jeweiligen Arbeitsblattes.

Du wirst ab und zu **Bilderrätsel** zu lösen haben. Das geht so:

a) Du stellst dir zuerst das geschriebene Wort zum Bild vor.
b) Abgebildet ist ein Hund. Darunter steht
   2̸ = ä, 5 = e
c) Der 2. Buchstabe wird demnach gestrichen und durch ein ä ersetzt.
d) Der 5. Buchstabe soll ein e sein.
e) Die Lösung heißt „Hände".

Bei den spannenden Themen und Aufgaben wünscht dir viel Freude und Erfolg

Alfred Winter

➲ Deponie

Deine Silben für die fehlenden Wörter:

Ab – Ab – welt – Ge – dich – fäl – Um – keit – tung – föhr – len – lich

Eine Deponie ist ein Ort zur Ablage von ______________________.

Bei der Deponierung soll die ____________________ so wenig wie möglich

beeinträchtigt werden. Nach Art und __________________________ der Abfälle wird unterschieden zwischen

- ➲ Hausmüll
- ➲ Bauschutt und
- ➲ Sondermüll.

Deponien besitzen meist eine __________________________ gegen Sickerwasser und eine Entgasung.

Lernwerkstatt UMWELT & UMWELTSCHUTZ
Warum Nachhaltigkeit für unsere Zukunft von großer Bedeutung ist – Bestell-Nr. 11 361
KOHL VERLAG

An die Schüler/Wahlaufgaben

➲ Kochen

Du brauchst diese Silben:

Ga – Gar – satz – zer – nähr – stört – zeit – nen – stoff – ren – scho – Vi – Ein – ta – nen – den – mi

Damit ist hier nicht nur das ____________ von Lebensmitteln in sprudelnd kochendem Wasser gemeint, sondern das Garen allgemein.

Neben einer ____________ Zubereitung ist auch der sparsame ____________ von Energie sehr wichtig. Allerdings sind beide miteinander verbunden. Wenn die ____________ kürzer ist, ist auch der Verlust an ____________ geringer. Längeres Garen ____________ nämlich in hohem Maße wasserlösliche und hitzeempfindliche Vitamine.

➲ Smog

Du brauchst diese Silben, um die fehlenden Wörter entstehen zu lassen:

Stra – Win – Luft – Ne – di – Bal – ßen – bel – aus – ver – tausch – ter – kehr – lungs – Schwe – ge – ten – fel – oxid – bie – smog

Dieses Kunstwort besteht aus den englischen Wörtern smoke (Rauch) und fog (Nebel). Der ____________ entsteht, wenn warme Luft sich über die kalte Luft am Boden schiebt und den ____________ verhindert. In städtischen ____________ steigt dann die Konzentration an Schadstoffen und Stäuben. Der Wintersmog besteht vor allem aus ____________, der mit ____________ und Ruß beladen ist. Hauptverursacher des Smog sind Hausbrand, Industrieabgase und der ____________.

Lernwerkstatt UMWELT & UMWELTSCHUTZ
Warum Nachhaltigkeit für unsere Zukunft von großer Bedeutung ist – Bestell-Nr. 11 361

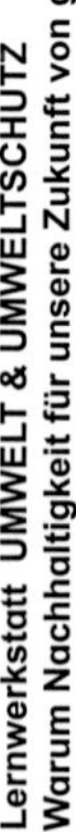

An die Schüler/Wahlaufgaben

➲ Recycling

Deine Silben:

Wert – fe – füh – Re – stof – cyc – Rück – ling – rung

Dieser Begriff meint die ____________________ gebrauchter Materialien.

Du kennst sicher das ____________________ von Glas und Papier. Diese

____________________ werden fast überall in Containern oder entsprechenden Behältern (Beispiel Papiertonne) der Haushalte gesammelt.
In der Industrie fallen bei der Produktion Reste (z. B. Verschnittreste von Blechen) an, die wieder in der Fertigung eingesetzt werden.

➲ Schwefeldioxid (SO_2)

Deine Silben:

Ab – fos – Kon – on – frei – bau – be – Staub – zen – ge – si – setzt – tra – las – ti – tung – len

Schwefeldioxid ist ein Luftschadstoff, der in großen Mengen durch den Schwefelgehalt

von ____________________ Brennstoffen bei der Umwandlung in elektrische

Energie ____________________ wird. Eine hohe ____________________ von

CO_2 in der Luft bildet zusammen mit der ____________________ den

Smog in den Wintermonaten. Nicht nur Menschen, auch Pflanzen werden durch den

____________________ des grünen Pflanzenfarbstoffes geschädigt.

➲ Emission

Dieses Wort bezeichnet den ____________________ fester, flüssiger und gasförmiger Stoffe aus Industrieanlagen, die unsere Umwelt verunreinigen/belasten.

~~1~~, ~~2~~ = A

~~1~~ = s, ~~3~~, ~~5~~ = ß

Lernwerkstatt UMWELT & UMWELTSCHUTZ
Warum Nachhaltigkeit für unsere Zukunft von großer Bedeutung ist – Bestell-Nr. 11 361
KOHL VERLAG

An die Schüler/Wahlaufgaben

➲ Immission

Dieses Wort bezeichnet u. a. das ______________________ von Luft-verunreinigungen auf Menschen, Tiere, Pflanzen und Gegenstände.
Zu diesen Verunreinigungen gehört auch der Saure Regen.

➲ Brennstoffe

Du hörst oder liest oft das Wort Brennstoff. Damit dieses Wort für dich zum Begriff wird, bearbeitest du den folgenden Text.

Brennstoffe lassen sich unterteilen in
→ nukleare Brennstoffe (Kernbrennstoffe,
→ nicht fossile Brennstoffe (Holz, Stroh),
→ feste fossile Brennstoffe (Kohle, Koks),
→ flüssige fossile Brennstoffe (Erdöl) und
→ gasförmige Brennstoffe (Erdgas, Flüssiggas).

Die meisten Haushalte heizen mit ______________ und ______________ , die recht umweltverträglich sind.

Ergänze jeweils noch die fehlenden Silben.

An die Schüler / Wahlaufgaben

➲ **Duale Abfallwirtschaft** (auch Duales System)

Diese Wörter müssen noch passend eingesetzt werden:

gekennzeichnet – Sammelsystem – abgeholt – Verpackungsabfälle – gekennzeichneten

So heißt das ______________________ der deutschen Wirtschaft.

Es werden ______________________ von den Haushalten getrennt gesammelt und wiederverwertet. Verpackungen, die über das Duale System entsorgt werden, sind mit dem Grünen Punkt ______________________.

Die ______________________ Verpackungen werden in besonderen Behältern (z. B. gelbe Säcke) bei den Haushalten ______________________.

➲ Energie gehört zum täglichen Leben

Die Überschrift sagt es, wir nutzen täglich Energie, und damit ist meist die elektrische Energie gemeint. Wir können sogar helfen, diese Energie zu erzeugen.

*Wie das geht, lesen wir in einer Pressemitteilung**

„Die Biotonne ist seit 20 Jahren fester Bestandteil der Abfallentsorgung im Emsland. Wurde aus den Bioabfällen bisher nur Kompost gewonnen, geht der Landkreis seit Kurzem neue Wege. Aus den Bioabfällen entsteht neben Qualitätskompost jetzt auch Strom und Wärme.“

Die Bioabfälle werden in den Biomassevergärungsanlagen auf den Zentraldeponien ... verarbeitet. Das produzierte Biogas wird einem Blockheizkraftwerk zugeführt und die Energie in das örtliche Stromnetz eingespeist. Die Wärme wird in ... für das dortige Schulzentrum und Hallenbad genutzt.“

**Lingener Tagespost v. 22.07.2013 S. 20*

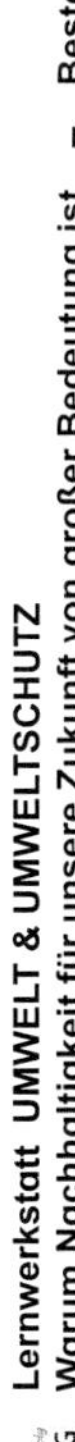

An die Schüler/Wahlaufgaben

➲ Ökologie

Du bekommst einen interessanten Text, wenn du diese Wörter einsetzt:

Lebensraum – Lebewesen – Ökologie – Wasserverschmutzung – Umwelt – schädlichen – Lebensbedingungen

Das Wort „Ökologie" lesen und hören wir oft, aber was bedeutet es? Ursprünglich bedeutete das Wort „Ökologie" (grch. oikos = das Haus) in der Biologie die Lehre von den Beziehungen zwischen

_________________________ und ihrer ____________________. Für uns geht es

um die Schaffung und Erhaltung der __________________________________ des

Menschen in der wissenschaftlich-technischen Welt. Die _____________________

befasst sich u. a. mit den folgenden Aufgaben.

Die Umwelt soll vor _______________________ Einflüssen bewahrt werden.

Dazu gehören Abfall, Luftverschmutzung, Lärm, _____________________________

und Landschaftszersiedlung. Die bewohnte Erde soll als Ganzes, als

_______________________ des Menschen erhalten werden.

➲ Probleme beim Umweltschutz

Uns brauchst du:

mo – Re – ling – Welt – At – sphä – cyc – gie – re – Ener – mee – re

Es wurde schon einiges erreicht, aber Probleme gibt es immer noch bei

→ fehlendem _______________________ ,

→ Verbrauch der _____________________ ,

→ Verschmutzung der _____________________ und der

→ Aufheizung der _______________________ .

KOHL VERLAG Lernen mit Erfolg
Lernwerkstatt UMWELT & UMWELTSCHUTZ
Warum Nachhaltigkeit für unsere Zukunft von großer Bedeutung ist – Bestell-Nr. 11 361

1. Der Mensch will keine Beeinträchtigungen

Der Mensch in seiner Umwelt will (wie alle Lebewesen) keine Beeinträchtigungen erleiden

EA

Aufgabe 1: *Dieses Bedürfnis bezieht sich vor allem auf die Grundbedürfnisse des Menschen. Du setzt die Bezeichnungen für diese Grundbedürfnisse aus den Silben zusammen und schreibst sie auf die Linien.*

cher - heit - heit - Nah - rung - sehrt - Si - Un - ver

________________ ________________ ________________

EA

Aufgabe 2: *Wir dürfen die Natur nutzen, weil wir leben wollen. Die Zusammenhänge werden dir deutlich, wenn du die Übersicht ergänzt. Trage diese Begriffe passend ein:*

Hunger - Unsicherheit - Schädigung - Nahrung

EA

Aufgabe 3: *Die obige Übersicht trifft nicht nur auf uns Menschen, sondern auf alle Lebewesen zu. Hierzu liest du einige Beispiele. Du musst nur noch die fehlenden Begriffe erraten und passend eintragen.*

a) Jedes Lebewesen versucht, Beeinträchtigungen zu vermeiden. Manche Pflanzenarten werden bei schlechten Lebensbedingungen (Stickstoffmangel) nur blassgrün. Die Blätter fallen vorzeitig ab, und die Pflanze blüht zu früh.

Dieses vorzeitige Blühen wird als ____________________ bezeichnet.

~~1~~ = N, ~~2~~

~~1~~ = b, ~~3~~ = ü, ~~4~~, ~~6~~

Lernwerkstatt UMWELT & UMWELTSCHUTZ – Bestell-Nr. 11 361
Warum Nachhaltigkeit für unsere Zukunft von großer Bedeutung ist
KOHL VERLAG

1. Der Mensch will keine Beeinträchtigungen

b) *Einige Pflanzen können sogar aus kleinsten ______________________ zu ganzen Pflanzen auswachsen.*

~~1~~ = R, ~~6~~ = n

c) *Auch bei den Tieren gibt es Beispiele dafür, wie sie auf die „sichere Seite" gelangen oder hier bleiben. Sie haben Stacheln, oder sie*

________________________ einfach nicht.

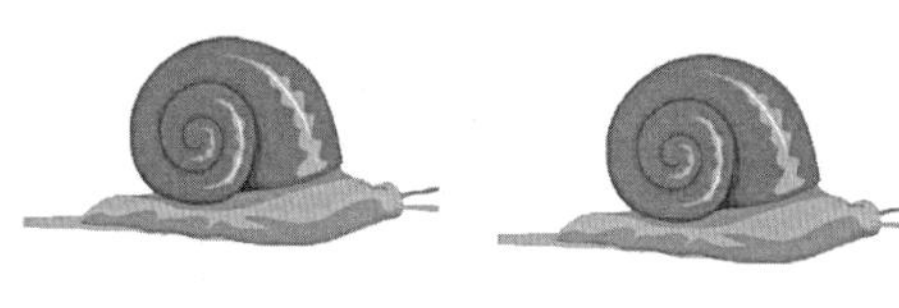

~~1~~ = s, ~~4~~ = m

d) *Um Beeinträchtigungen zu ______________________ suchen Tiere bestimmte Lebensbedingungen auf.*
Pantoffeltierchen schrecken zurück und schwimmen in eine andere Richtung, wenn sie auf ein Hindernis stoßen.

~~1~~, ~~2~~ = v, ~~5~~   ~~1~~ = m, ~~4~~ = d

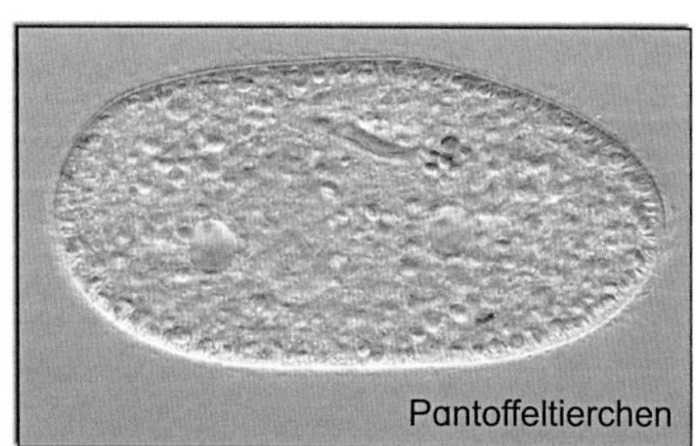

Pantoffeltierchen

e) *Diese Tiere sind dir sicher bekannter.*

________________________ wechseln ihren Lagerplatz in der Sonne oder im Schatten, je nach Erwärmung ihres Körpers.

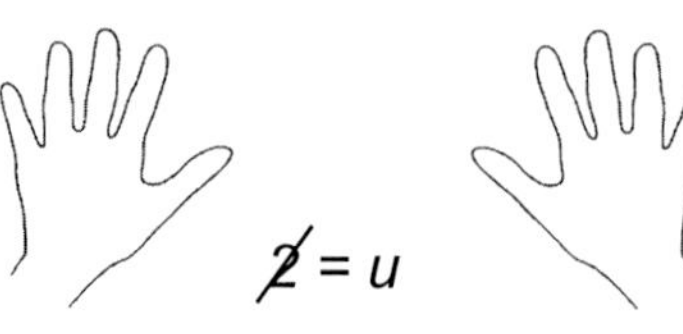

~~2~~ = u

Lernwerkstatt UMWELT & UMWELTSCHUTZ
Warum Nachhaltigkeit für unsere Zukunft von großer Bedeutung ist – Bestell-Nr. 11 361

2. Der Mensch will nicht nur leben

EA

Aufgabe 1: *Diese Silben sollen zu den passenden Begriffen werden und den Lückentext ergänzen:*

che – fluss – ge – Kos – Mas – rung – schützt – sen – Si – stand – stand – stand – ten – Über – Wohl – Wohl – wohl

Dem Menschen geht es nicht nur um die ______________________ seiner Existenz, er will es auch komfortabel haben. Er will vor Krankheiten optimal ______________________ sein, er will Nahrung im ______________________ haben und ein sorgloses Leben führen, ein Leben im ______________________ . Dieser Wunsch wird zum Problem, wenn der Mensch (du auch und wir alle) auf ______________________ seiner Umwelt lebt. „Der Mensch", das sind eigentlich Menschenmassen, die möglichst im ______________________ leben wollen. Das geht nur, wenn auch die Industrie zum ______________________ beiträgt und ihn ermöglicht.

EA

Aufgabe 2: *Die folgende Übersicht soll dir einige Zusammenhänge auf einen Blick deutlich werden lassen. Es fehlen nur noch diese Begriffe:*

Nahrung im Überfluss – Leben im Wohlstand

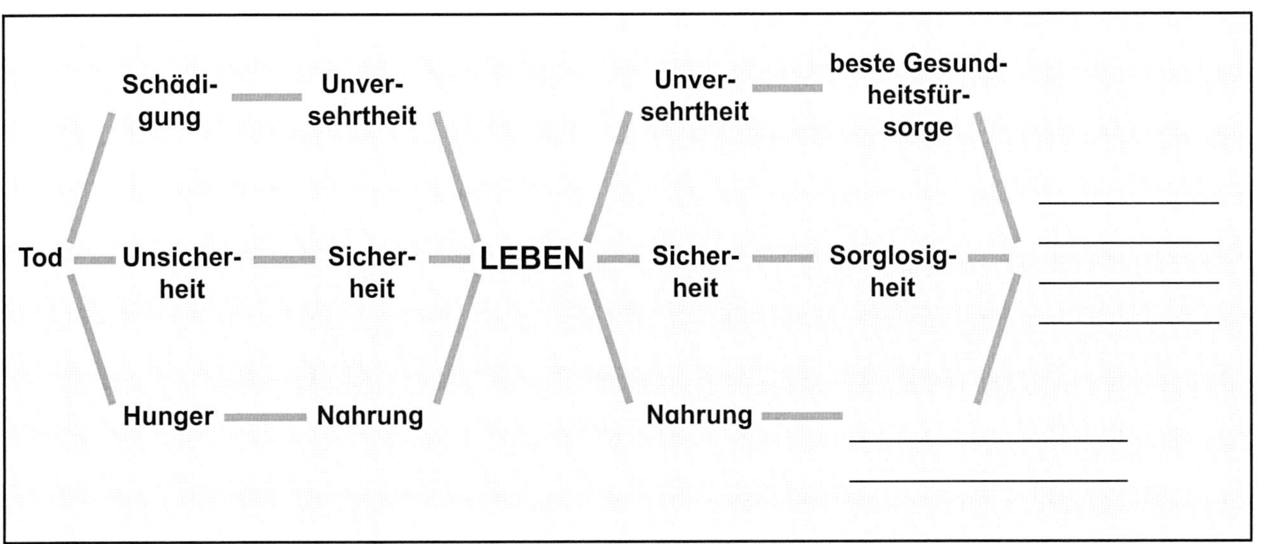

3. Leben im Wohlstand = Leben in verschmutzter Luft?

EA

Aufgabe 1: *Im vorigen Kapitel wurde schon angedeutet, dass ein Leben im Wohlstand auf Kosten der Natur geht. Und das geschieht über diese Umweltfaktoren.*

______________ ______________ ______________

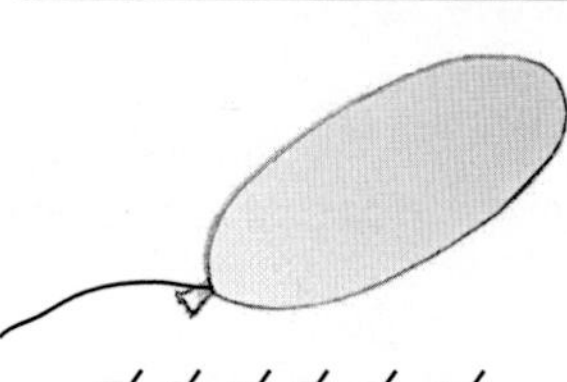

~~5~~, ~~6~~, ~~7~~, ~~8~~, ~~9~~, ~~10~~

~~1~~ = W, ~~2~~ = a

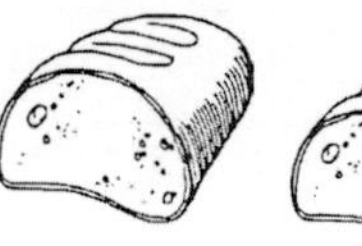

~~2~~, ~~4~~ = d, + n

EA

Aufgabe 2: *Verschmutzte Luft beeinträchtigt den Stoffwechsel* von*

______________ ______________ ______________

~~2~~ = e, ~~4~~

~~1~~ = s, ~~4~~, ~~5~~, ~~6~~, ~~7~~, ~~8~~

~~1~~ = T

~~3~~, ~~4~~, ~~5~~

~~1~~, ~~2~~, ~~3~~, ~~7~~ = z

Smog

* *Dieser Begriff umfasst alle chemischen Vorgänge in Lebewesen und besteht aus der Aufnahme, dem Umbau und der Ausscheidung von Stoffen. Der Stoffwechsel dient dem Aufbau von Körpergewebe und der Bereitstellung von Energie.*

Lernwerkstatt UMWELT & UMWELTSCHUTZ
Warum Nachhaltigkeit für unsere Zukunft von großer Bedeutung ist – Bestell-Nr. 11 361

3. Leben im Wohlstand = Leben in verschmutzter Luft?

EA

Aufgabe 3: *Das sind die Silben für die einzusetzenden Wörter:*

Aus – Dü – elek – fen – ge – ke – ki – Kraft – Luft – lung – ma – mu – nen – puff – scher – schi – schmut – sen – tet – töp – tri – Um – ver – wand – wer – zu – zung

Den Lungen der Menschen und anderer Lungenatmer wird allerhand

____________________ . Der bei weitem größte Teil der Luftverschmutzung ist auf die ____________________ von Energie zurückzuführen.

Diese ____________________ erfolgt am Lagerfeuer der Hirten in freier Natur oder am Gartengrill. Sehr viel mehr sind an der Luftverschmutzung die ____________________ beteiligt, die fossile Brennstoffe (Kohle, Erdgas) zu ____________________ Energie umwandeln. Hinzu kommen die Abgase der ____________________ , und das, was aus den ____________________ unserer Autos strömt.

Hüttenwerke Krupp-Mannesmann Duisburg-Huckingen

KOHL VERLAG Lernwerkstatt UMWELT & UMWELTSCHUTZ Warum Nachhaltigkeit für unsere Zukunft von großer Bedeutung ist – Bestell-Nr. 11 361

3. Leben im Wohlstand = Leben in verschmutzter Luft?

EA

Aufgabe 4: *Der Mensch ist schon lange nicht mehr mit dem Energieangebot der Sonne zufrieden. Auch nach Sonnenuntergang wollen wir es hell und warm haben und auch noch kochen können. Wir wollen es gut haben, wir wollen im Wohlstand leben.*

Unser Wohlstandsleben wird möglich durch die Produktion von Gütern aus Rohstoffen aller Art. Dabei werden giftige Gase in die Luft entlassen von Hüttenwerken und Zementfabriken, von Chemiefabriken und Raffinerien.
Giftige Gase entstehen vor allem bei der Verhüttung von Metallen wie

____________ , ____________________ , ________ und ________ .

3

1, 2 = A, 4

5, 6, 7, 8, 9

3 = n, 4 = k, 5

1 = p, 5

1, 2

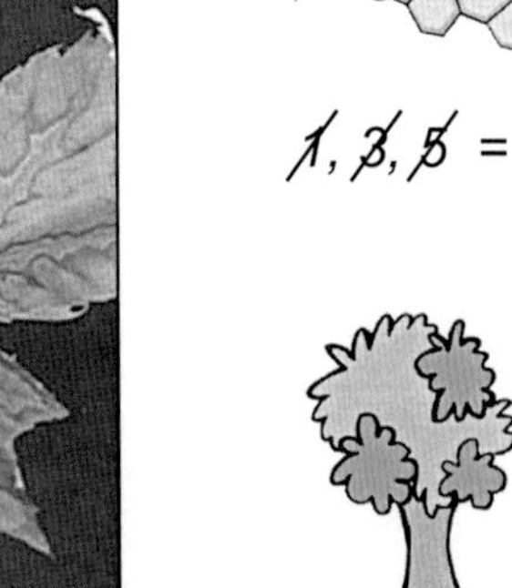

1, 3, 5 = i

1, 2

Hüttenwerk Duisburg-Rheinhausen

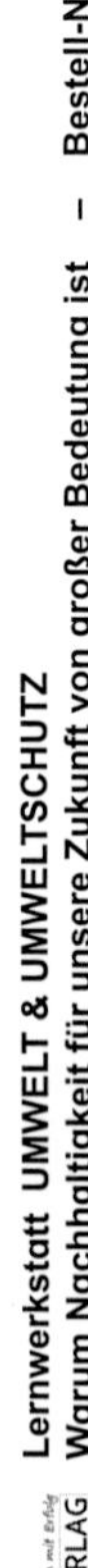
Lernwerkstatt UMWELT & UMWELTSCHUTZ
Warum Nachhaltigkeit für unsere Zukunft von großer Bedeutung ist – Bestell-Nr. 11 361
KOHL VERLAG

3. Leben im Wohlstand = Leben in verschmutzter Luft?

EA

Aufgabe 5: *Hier fehlen:*

Wäldern – Luftverschmutzung – Säuglinge – Schwefeldioxid – Treibhauseffekt – schädliche – Erkrankungen

Nun sollst du auch wissen, womit wir unseren Wohlstand erkaufen – mit der

________________________ nämlich. Sie hat als Folge nicht allein

unseren Wohlstand, sie hat auch ____________________ Auswirkungen.

Durch das ______________________ in der Luft, und in Verbindung mit

Regen entstehen Schäden vor allem an ________________ (Waldsterben).

Eine immer größere Rolle spielen der

________________________ und das

Ozonloch. Medizinische Untersuchungen zeigen

einen Zusammenhang zwischen hohen Schweb-

staubresten, verschiedenen Oxidresten und

____________________ der Atemwege.

Betroffen sind davon vor allem

____________________ und Kleinkinder.

EA

Aufgabe 6: *Die angedeutete Situation der Luftverschmutzung ist nicht angenehm, es sieht trostlos aus. Dennoch kann jeder von uns zu einer Veränderung beitragen. Aber so geht es jedenfalls nicht!*

Frau M. und ihr Sohn hatten sich wieder mal gewaltig gestritten. Als Frau M. nach einem Gespräch mit dem Familientherapeuten einsehen musste, dass sie die familiären Probleme verursacht, packte sie das schlechte Gewissen.
Sie schlug ihrem Sohn vor, ihn mit dem Auto zum Handballtraining in das 6 km entfernte D. zu bringen und natürlich nach dem Training wieder abzuholen.
Übrigens: Das Wetter war prächtig, und der Sohn besitzt ein Fahrrad.

Was Frau M. nicht weiß oder nicht wissen wollte, liest du jetzt im folgenden Text auf Seite 18. Du musst ihn nur noch vervollständigen.

3. Leben im Wohlstand = Leben in verschmutzter Luft?

a) *Die Öffentlichen Verkehrsmittel sind besonders energiesparend. Autos hingegen benötigen am meisten Energie pro*

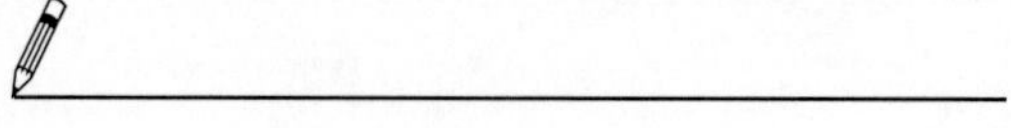 .

~~2~~, ~~5~~ = s

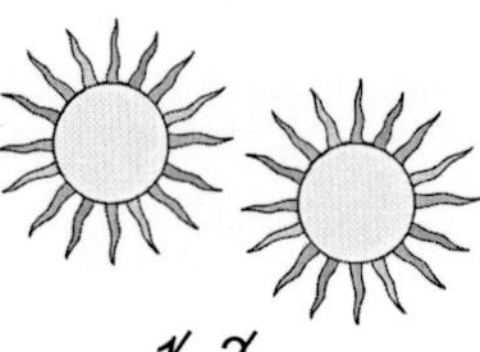

~~1~~, ~~3~~

~~1~~ = k, ~~2~~ = i, ~~3~~ = l, ~~4~~ = o, ~~5~~, ~~6~~

b) *Was ist mit diesem Begriff in Verbindung mit Energieverbrauch gemeint?*

____

____

c) *Unter den Gesichtspunkten von Energiesparen und Umweltbelastung ist das Fahrrad ein ____________________ Verkehrsmittel und nach dem Laufen die umweltschonendste Art der Fortbewegung.*

~~1~~, ~~3~~, ~~6~~ = a

~~1~~, ~~3~~ = e

d) *Um das Fahrrad fahren für viele Menschen attraktiver zu machen, ist in vielen Städten und Gemeinden die Anlage/Verbesserung von Radwegen erforderlich. Dazu gehören z. B. deutliche Hinweisschilder für Autofahrer, die rechtzeitig gewarnt werden. Für Radfahrer nützlich sind auch großzügige und deutliche Fahrradspuren oder Fahrbahnen links von parkenden Autos.*
Hier sind sie für die Autofahrer besser sichtbar, und es gibt auch kaum Konflikte mit Fußgängern.
Seid ihr mit euren Radwegen zufrieden, oder sollte noch etwas verbessert werden? Wenn ja, was und an wen könntet ihr euch wenden, um Verbesserungen umsetzen zu lassen?
Überlegt einen Text an die entsprechende Stadt- oder Gemeindeverwaltung oder an Kommunalpolitiker. Schreibt in euer Heft.

e) *Tauscht eure Notizen mit allen Arbeitsgruppen aus und einigt euch auf einen endgültigen Text an die Verwaltung/an die Kommunalpolitiker.*

Lernwerkstatt UMWELT & UMWELTSCHUTZ
Warum Nachhaltigkeit für unsere Zukunft von großer Bedeutung ist – Bestell-Nr. 11 361

4. Der Mensch verändert die Umwelt

EA

<u>Aufgabe 1</u>: *Setze diese Begriffe passend in den Lückentext ein:*

Tiere – Umwelt – Pflanzen – Grundbausteine – Überleben – aufnimmt

Hier lernst du eine weitere Unterscheidung.

Der Mensch in seiner ✎ ____________________ nutzt die organische* und die anorganische* Natur. Das geschieht, indem der Mensch (also auch du) Teile der Natur in sich ______________________. Er muss zum ____________________ organische Stoffe pflanzlicher oder tierlicher Art aufnehmen. Dazu werden ganze ______________ oder ___________________ oder Teile von ihnen in ihrem Aufbau zerstört, in ihre ________________________________ zerlegt (verdaut) und im menschlichen Körper wieder aufgebaut.

EA

<u>Aufgabe 2</u>: *Es ist aber nicht so, dass der Mensch sich nur auf Kosten anderer Lebewesen ernährt.*

Der Mensch nutzt auch sonst die Natur für seine Zwecke und

__________________________. Er baut Häuser, Städte und er legt Verkehrswege an. Er nutzt Flüsse und Meere als Verkehrsadern. Und er beutet Bodenschätze aus.

Der Mensch ____________________ also die Natur.

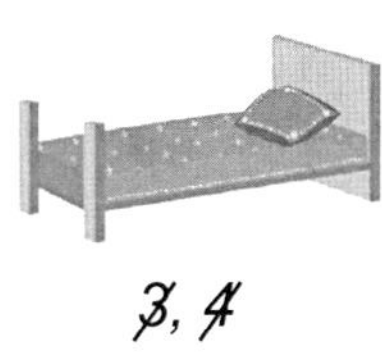

~~3~~, ~~4~~

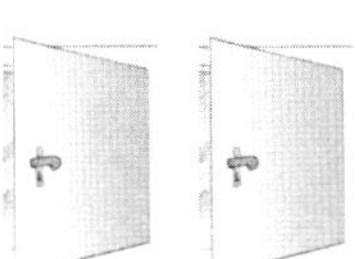

~~1~~ = d, ~~4~~ = f

~~1~~ = n, ~~2~~ = i

~~1~~, ~~2~~ = v, ~~5~~ = ä

~~1~~, ~~2~~

~~1~~, ~~2~~, ~~5~~ = t

* *organisch = aus dem Bereich der lebenden Natur stammend,*
anorganisch = aus dem Bereich der unbelebten Natur stammend

Lernwerkstatt UMWELT & UMWELTSCHUTZ
Warum Nachhaltigkeit für unsere Zukunft von großer Bedeutung ist – Bestell-Nr. 11 361

5. Wozu brauchen wir Erdöl?

EA

Aufgabe 1:

Bei dem Thema „Erdöl" denkst du wahrscheinlich an Sprit und Autos. Aber Kraftstoffe machen nur einen kleinen Teil der Erdölprodukte aus. Erdöl ist die Grundlage vieler Dinge des täglichen Lebens – des Wohlstandslebens.

Du brauchst nun die Kopie der Seite 21.
Und so gehst du vor.

- *Du errätst einen Begriff.*
- *Zu jedem dieser Begriffe gehört die vorangestellte Ziffer.*
- *Diese Ziffer trägst du an passender Stelle in die Abbildung ein.*
  Denke dabei daran, dass manche Produkte in Taschen getragen werden.

1. In einer Tasche oder in einem Rücksack werden transportiert:
   fla – But – Saft – do – ter – sche – se – brot

2. Sie befindet sich an einer Person: **nen – cre – Son – me**

3. Dieses Ding befindet sich an Fahrzeugen:
   Fahr – schlauch – rad

4. An Personen und an deren Kleidung sind sie:
   he – mit – schu – Wasch – Turn – tel

5. Sie sind an oder in Personen oder in einer Tasche:
   zin – Strumpf – di – se – Me – ho

6. Bei Personen zu finden sind: **gum – Kunst – fe – Kau – stof – mi**

7. An Personen und am Straßenrand entdecken wir:
   far – schmuck – de – Druck – Mo – be

8. Sie finden wir bei Personen und an Gebäuden:
   far – An – bil – fon – strich – Mo – te – be – le

9. Diese Mittel sind für die Pflanzen in den Kübeln:
   ger – Pflan – mit – Dün – zen – tel – schutz

KOHL VERLAG Lernwerkstatt UMWELT & UMWELTSCHUTZ Warum Nachhaltigkeit für unsere Zukunft von großer Bedeutung ist – Bestell-Nr. 11 361

5. Wozu brauchen wir Erdöl?

5. Wozu brauchen wir Erdöl?

EA

Aufgabe 2: *Das ist interessant zu wissen, weil damit auch einiges erklärt wird.*

Erdöl ist nicht gleich Erdöl

Es gibt insgesamt über 1000 verschiedene Sorten. Je ______________________ , flüssiger und ____________________________ ein Rohöl ist, desto höher ist seine Qualität. Dieses Öl lässt sich _________________________ , schneller und günstiger verarbeiten. Schwere Rohölsorten müssen aufwendig und teuer verarbeitet und _____________________________ werden.

~~1~~, ~~2~~, ~~3~~

~~1~~ = e, ~~5~~, ~~6~~

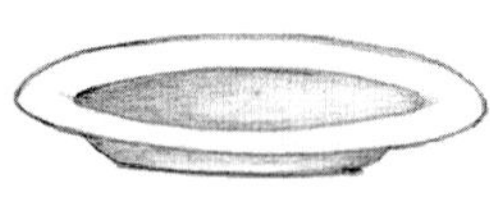
~~1~~ = t, ~~2~~, ~~3~~, ~~4~~

~~1~~ = s, ~~6~~ = f, ~~7~~

~~1~~ = e, ~~3~~, ~~4~~, ~~5~~, ~~6~~, ~~7~~

~~1~~ = ä, + r

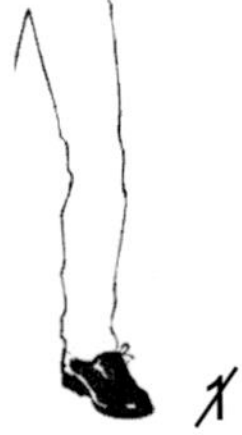
~~1~~

~~1~~ = f, ~~2~~, ~~4~~ + e, + r

~~1~~ = e, ~~4~~

~~1~~ = s, ~~6~~ = f, ~~7~~

~~1~~

KOHL VERLAG
Lernwerkstatt UMWELT & UMWELTSCHUTZ
Warum Nachhaltigkeit für unsere Zukunft von großer Bedeutung ist – Bestell-Nr. 11 361

5. Wozu brauchen wir Erdöl?

EA

Aufgabe 3:

Es gibt aber auch ______________________ der leichten Rohöle.

Aufgrund ihrer günstigen Verarbeitung sind sie sehr ______________________ .

Und so sind die wenigen großen Förderstätten bereits ______________________ .

Die Quellen versiegen langsam, und der Preis ist entsprechend hoch.

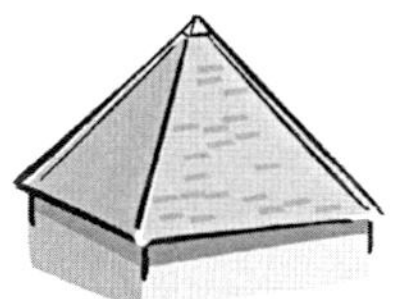

~~1~~ = N

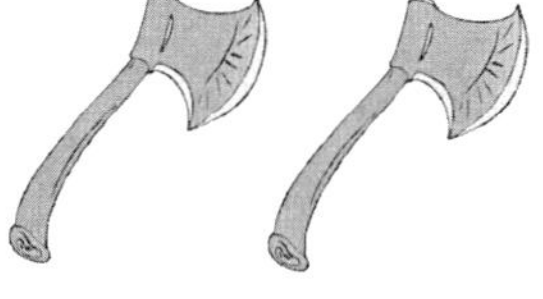

~~1~~ = t

~~1~~ = b, ~~3~~

~~1~~ + ~~5~~ = t

~~1~~, ~~2~~, ~~5~~

~~1~~ = s, ~~4~~, ~~5~~, ~~6~~, ~~7~~

~~1~~, ~~5~~ = t

Erdölförderung auf einer Bohrinsel

Lernwerkstatt UMWELT & UMWELTSCHUTZ
Warum Nachhaltigkeit für unsere Zukunft von großer Bedeutung ist – Bestell-Nr. 11 361
KOHL VERLAG

6. Was ist Umwelt?

EA

Aufgabe 1:

Jakob von Uexküll
(8.9.1864–25.7.1944)

Du wirst dich ab jetzt mit zwei Themen befassen, mit Umwelt und Umweltschutz. Bevor du aber in diese Themen einsteigst, muss erst begrifflich einiges klar sein. Wir beginnen mit dem Begriff UMWELT.

Dieser Begriff wurde schon vor über 100 Jahren in die biologische Diskussion eingeführt. Jakob von Uexküll (1909) bezog sich dabei auf die Lebenswirklichkeit der Tiere.

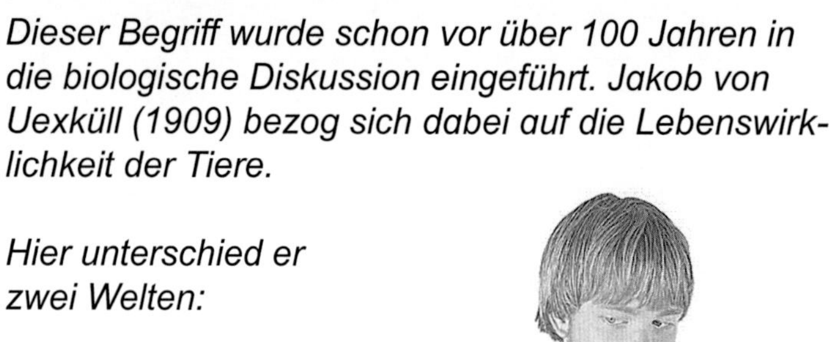

Hier unterschied er zwei Welten:

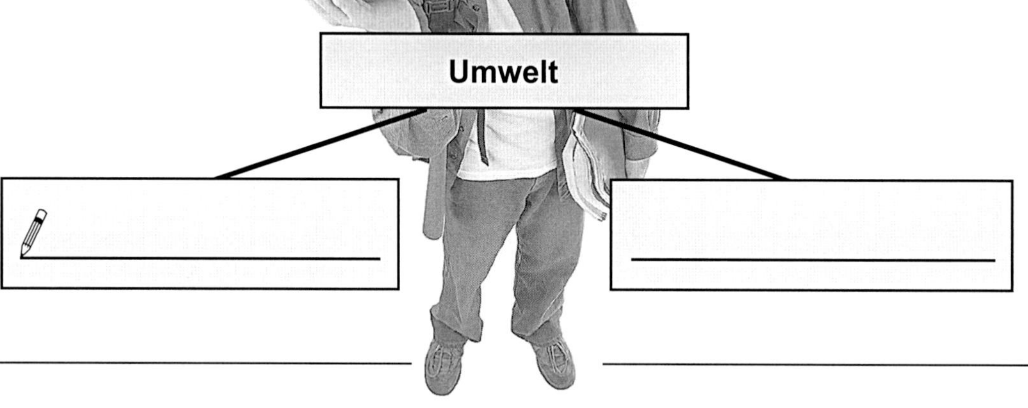

Es wäre natürlich einfach gewesen, die Welt-Begriffe schon sofort in die Übersicht einzutragen. Aber dann hättest du sie gelesen – und vielleicht bald vergessen. Damit das nicht geschieht, sollst du die fehlenden Begriffe erarbeiten, dann bleiben sie länger im Gedächtnis haften.

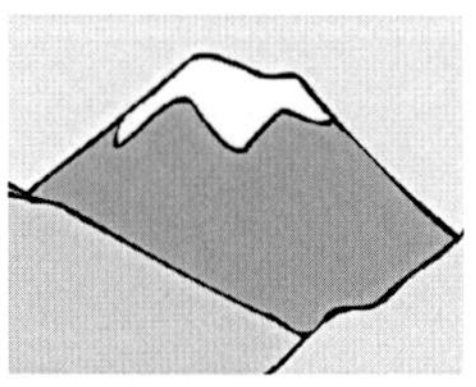

~~1~~ = M, ~~4~~ = k

~~1~~ = w

~~1~~ = W, ~~5~~, ~~6~~

~~1~~ = w

Lernwerkstatt UMWELT & UMWELTSCHUTZ
Warum Nachhaltigkeit für unsere Zukunft von großer Bedeutung ist – Bestell-Nr. 11 361
KOHL VERLAG

6. Was ist Umwelt?

EA

<u>Aufgabe 2</u>: *Nun sollen die beiden Begriffe näher bestimmt werden.*

a) *Der eine Begriff meint, dass alles, was ein Lebewesen merkt, zu seiner M... gehört. Schreibe auf Seite 24 in die Zeilen unter dem Begriff die oben unterstrichenen Wörter.*

b) *Und alles, was ein Lebewesen wirkt, gehört zu seiner ...*

EA

<u>Aufgabe 3</u>: *Du brauchst diese Silben, um den Text zu ergänzen.*

über – det – gen – Kul – Prin – schei – ter – tra – tur – un – Um – welt – zip

Dieses Modell von Uexküll lässt sich ohne weiteres auch auf uns Menschen ____________________ . Die menschliche Natur ____________________ sich zwar in der Art und im Umfang der Anteile. Der Mensch hat im Unterschied zu anderen Lebewesen eine ____________________ . Aber im ____________________ unterscheidet sich der Mensch mit seiner ____________________ nicht von der Umwelt der Tiere und Pflanzen.

7. Ursachen von Umweltproblemen

EA

Aufgabe 1: *Diese Begriffe müssen noch eingesetzt werden.*

Nahrungsmittel – Umweltbelastung – Luxusgüter – Körperpflege – Bevölkerungsexplosion – Sauerstoff – Bevölkerung

Vor 2000 Jahren lebten auf der Erde nur etwa 500 Millionen Menschen, um 1900 waren es bereits rund 1,8 Milliarden, und heute leben etwa 4 Milliarden Menschen auf unserem Planeten.

Diese ______________________________ hat Folgen für die Umwelt.

Jeder Mensch braucht Nahrung, Kleidung und Wohnraum. Außerdem will er große Mengen Gebrauchs- und ____________________ . Eine Zunahme der ________________________ zieht selbstverständlich einen immer höheren Rohstoff- und Energieverbrauch nach sich. Abgesehen von der Ausweitung der Industrie trägt jeder zusätzliche Mensch zur __________________________ bei – er atmet und verbraucht ______________________ . Er isst und trinkt und benötigt ________________________ . Er verschmutzt Wasser durch ________________________ und Notdurft.

EA

Aufgabe 2: ***Verstädterung und Ballungszentren***
Das sind deine Silben:

arm – Bal – er – feind – lich – lungs – sau – stoff – tren – um – welt – zen

______________________________ sind besonders ______________________________ . Hier ist die Luft schlecht und ________________________ . Es fällt mehr Müll an als außerhalb der Städte und Ballungszentren. Hier wird nämlich viel verdient und demzufolge auch verbraucht.

Lernwerkstatt UMWELT & UMWELTSCHUTZ
Warum Nachhaltigkeit für unsere Zukunft von großer Bedeutung ist – Bestell-Nr. 11 361

7. Ursachen von Umweltproblemen

EA

Aufgabe 3: ***Die Konsumgesellschaft***

a) *Es fehlen diese Begriffe:*

hielten – Gefahren – Nötigste – fristeten – ganzes – reicher

Je ____________________ wir werden, umso größer werden die ________________ für die Umwelt. Noch vor 100 Jahren verdienten die meisten Menschen bei uns nur so viel, dass sie ihr Leben mehr schlecht als recht ____________________ . Man konnte sich nur das ____________________ leisten. Deshalb legte man Wert darauf, dass alle Dinge des täglichen Lebens möglichst lange ________________. Ein Anzug wurde vielleicht ein ______________ Leben lang getragen.

b) *Hier fehlen:*

Werbung – schneller – produzieren – allgemeinen – Industrie – Qualität

Die moderne ________________ ist darauf angewiesen, dass sich ihre Produkte immer ________________ verbrauchen und ersetzt werden. Man hat kein Interesse daran, Waren zu ______________________ , die ein Leben lang halten. Je geringer die ______________________ , umso öfter wird ein Produkt neu gekauft. Um das zu erreichen, werden ständig neue Produkte entwickelt und mit aufwendiger ___________________ angepriesen, bis auch diese Produkte zum _________________________ Bedarf geworden sind.

8. Über den Treibhauseffekt

EA

Aufgabe 1: *Lies den folgenden Text in Verbindung mit der Abbildung auf Seite 30.*

Treibhauseffekt ist die Bezeichnung für die Erwärmung der Atmosphäre.
(grch. atmos = Dunst, sphaira = Kugel. A. ist die Gashülle eines Sternes oder eines Planeten).
Die Sonnenstrahlen gelangen durch die Atmosphäre hindurch zur Erdoberfläche und erwärmen sie. Weil die Atmosphäre gegen die Rückstrahlung der Wärme eine Sperre bildet, strahlt die Wärme nur teilweise in den Weltraum zurück. Von bestimmten Gasteilchen (Gasmolekülen) wird die Wärmestrahlung aufgenommen und zur Erde zurückgestrahlt. Und so heizt sich die Atmosphäre auf – wie in einem Treibhaus.

Interessant: Ohne den Treibhauseffekt herrschte auf der Erdoberfläche nur eine Temperatur von etwa –18 °C.

Der **natürliche** Treibhauseffekt ist also für uns von Vorteil. Er wird aber durch weitere Gase verstärkt. Diese Gase sind vor allem das Kohlendioxid, **F**luor**c**hlor**k**ohlen**w**asserstoffe (FCKW) und Methan sowie über 30 weitere Stoffe.

Kohlendioxid gelangt vor allem durch die Verbrennung von Öl, Kohle und Gas in die Erdatmosphäre. Ein Großteil des Treibhauseffektes durch Kohlendioxid beruht auf Energieverbrauch (eigentlich ist es kein Verbrauch, sondern eine Umwandlung von Energie).

Das sind die Auswirkungen des menschengemachten Treibhauseffektes:

- Wüstenbildung und Massenfluchten, Menschen werden vertrieben.

- Steigen der Meeresspiegel und Massenfluchten.

- Erhöhte Waldbrandgefahr. Die Regenwälder sind noch durch ihre Feuchtigkeit geschützt. Bei steigenden Temperaturen können sie so weit eintrocknen, dass sie einem Feuer hilflos ausgeliefert sind.

- Erhöhte Gesundheitsgefahren. Der Lebensraum der Malaria-Mücke wird größer. Überschwemmungen bringen Cholera und Durchfallerkrankungen mit sich.

Lernwerkstatt UMWELT & UMWELTSCHUTZ
Warum Nachhaltigkeit für unsere Zukunft von großer Bedeutung ist – Bestell-Nr. 11 361

8. Über den Treibhauseffekt

EA

Aufgabe 2:

Du brauchst wieder die Abbildung von Seite 30.

a) *Die in der Abbildung geschlängelten Linien sollen die Strahlen der Sonne darstellen. Diese Wärmestrahlung wird vom Kohlendioxid in Wärme umgewandelt. Trage in die Luftschicht über der Siedlung mit dem Auto und dem Flugzeug ganz dicht viele rote Wärme-Punkte ein.*

b) *Schreibe über der Siedlung die chemische Formel für Kohlendioxid.*

c) *Auf der Erdoberfläche rechts sollen Wälder entstehen. Zeichne mehrere Laub- und Nadelbäume hinein.*

d) *Trage über dein Waldgebiet wieder rote Wärmepunkte ein. Müssen sie dichter oder weniger dicht als über der Siedlung sein?*

EA

Aufgabe 3:

Der Kampf gegen den Treibhauseffekt – das müsste möglich sein.

Der Einsatz von Energie als elektrischer ______________________ oder zur

______________________ wird eingeschränkt.

~~5~~ = m

~~1~~, ~~2~~, ~~3~~ = H, ~~4~~, ~~6~~

~~1~~, ~~2~~, ~~3~~, ~~4~~ = z

Du brauchst diese Silben:

kung - Fahr - öf - Ver - fah - Wir - fent - zicht - Au - li - rad - to - ren - che

Eine große ______________________ hat auch der wenigstens teilweise

______________________ auf das ______________________ und der Umstieg auf das

______________________ und auf ______________________ Verkehrsmittel.

Lernwerkstatt UMWELT & UMWELTSCHUTZ
Warum Nachhaltigkeit für unsere Zukunft von großer Bedeutung ist – Bestell-Nr. 11 361

8. Über den Treibhauseffekt

Abbildung zu den Aufgaben 1 und 2:

KOHL VERLAG Lernen mit Erfolg
Lernwerkstatt UMWELT & UMWELTSCHUTZ
Warum Nachhaltigkeit für unsere Zukunft von großer Bedeutung ist – Bestell-Nr. 11 361

9. Was ist Umweltschutz?

EA

Aufgabe 1: *Umweltschutz umfasst alle Regelungen und Einrichtungen, durch die eine Zerstörung unserer Lebensgrundlagen verhindert oder wenigstens aufgehalten werden soll.*
Diese Wörter sind einzusetzen:

Ballungsgebieten – Vergiftung – Industrieabwässer – erstorben – Raubbau – Zunahme – Automotoren – Abfallmengen – Gewässer

Durch Technisierung, Industrialisierung und ______________ an der Natur haben in vielen Staaten die ______________, die Wasserverschmutzung und die ______________ der Luft zugenommen. Die gewaltige ______________ der Müllmenge, die ______________, Waschmittel, Insektengifte und Düngemittel vergiften Boden und ______________. In vielen Bächen und Flüssen ist schon alles Leben ______________. Verbrennungsrückstände aus ______________, Privathaushalten und Industrie vergiften die Luft vor allem in ______________.

EA

Aufgabe 2: *Diese Silben werden zu den passenden Wörtern:*

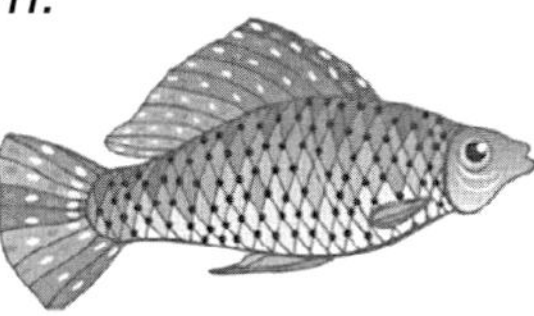

stei – Was – gen – ver – An – schmut – ser – zung

Es wurde aber auch schon erreicht, ein weiteres ______________ der Luft- und ______________ zu verhindern.

10. Was ist Energie?

EA

Aufgabe 1: *Das Wort „Energie“ hören wir täglich. Aber ein Wort ist noch kein Begriff – wie lesen oder wir hören es. Damit das anders wird, sollen hierzu einige lesenswerte Ausführungen folgen.*

ener - Über - Ener - Ener - trä - res - nen - gie - halt - gie - gie - Son - te - ger - in - gie

a) Wir nutzen Erdgas, Erdöl und Kohle zur Energiegewinnung. Diese Stoffe sind ______________________ von tierischen und pflanzlichen Lebewesen.

Sie sind bei ihren Lebensvorgängen unter Aufnahme von ______________________ entstanden und werden als ______________________ bezeichnet. Diese Energieträger haben chemische Energie gespeichert, man spricht vom ______________________ eines Stoffes.

Wär - ge - ener - wan - me - um - gie - delt

b) Nach dem Energieerhaltungssatz geht keine Energie verloren, sie kann aber ______________________ werden. Das geschieht, wenn die Energieträger verbrannt werden – es entsteht dabei ______________________.

Lernwerkstatt UMWELT & UMWELTSCHUTZ Warum Nachhaltigkeit für unsere Zukunft von großer Bedeutung ist – Bestell-Nr. 11 361
KOHL VERLAG

11. Was ist ... was sind ...?

In Verbindung mit Energie und Umweltschutz wird auch das Blockheizkraftwerk genannt. Damit dieses Wort für dich deutlicher und zum Begriff wird, folgen dazu die weiteren Informationen.

EA

Aufgabe 1: *Die einzusetzenden Silben:*

Ener – lung – Wohn – wer – Kraft – Bio – Ver – me – gie – ke – Wär – lung – wand – gas – gas – gung – sor – bie – ge – ten – Erd – um

Blockheizkraftwerke (BHKW) sind kleine ______________________, die elektrischen Strom und ________________ liefern. BHKW werden eingesetzt für die ____________________ von Schulen, Krankenhäusern, Schwimmbädern, Einkaufszentren, Industriebetrieben und Nahwärmenetzen in ________________________. Ein BHKW wird mit ________________ oder mit ______________________ betrieben.

Diese Form der ______________________________ wird als Kraft-Wärme-Kopplung bezeichnet.

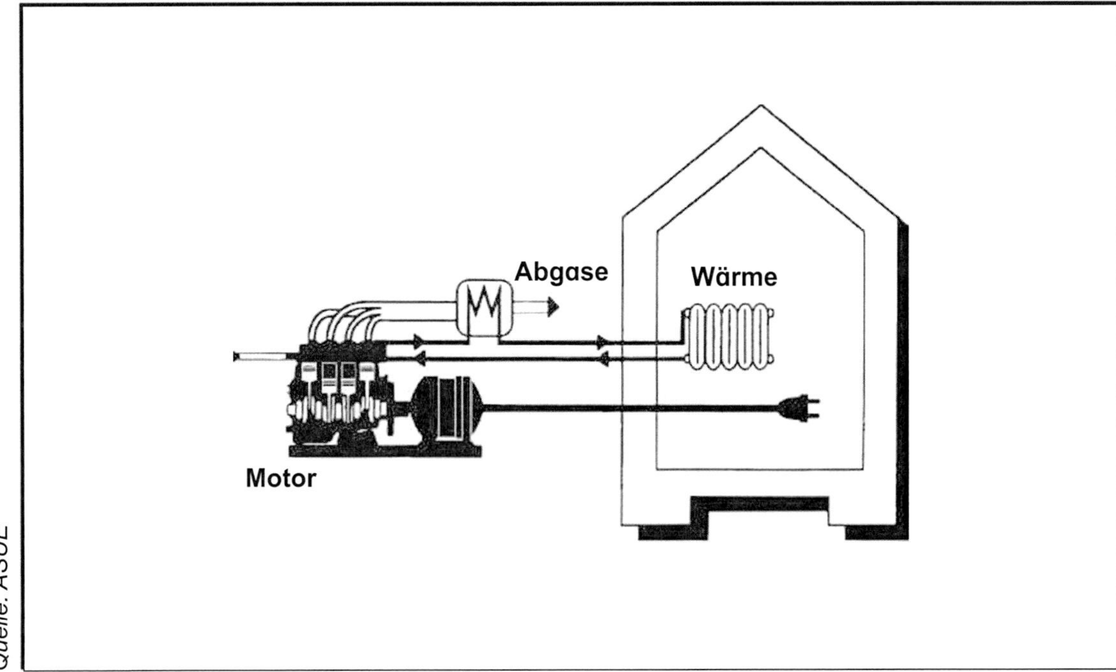

Quelle: ASUE

11. Was ist ... was sind ...?

EA

Aufgabe 2: *So wird das Gas im BHKW in elektrische Energie umgewandelt.*

Das Gas (Erdgas oder Biogas) wird in einem ______________________ verbrannt.

Der Motor ist mit einem ______________________ (Stromerzeuger)

verbunden, der im angeschlossenen ______________________ elektrischen

Strom fließen lässt.

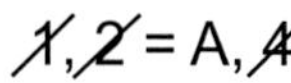

~~1~~,~~2~~ = A, ~~4~~

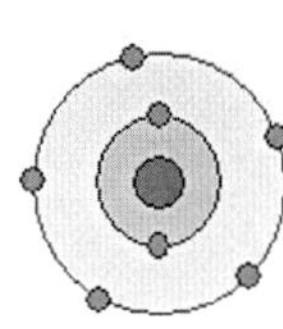

~~1~~

~~1~~,~~2~~,~~3~~,~~4~~,~~5~~,~~6~~,~~8~~ = o, ~~10~~ = o

~~1~~,~~2~~,~~3~~, = G

~~1~~,~~2~~,~~3~~

~~1~~,~~2~~,~~5~~,~~6~~,~~7~~

~~1~~ = t

~~5~~ = m

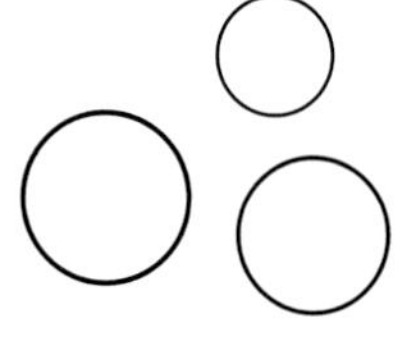

~~1~~ = k, 6

EA

Aufgabe 3: *Beschrifte die Abbildung auf Seite 33.*
Die einzutragenden Begriffe sind hier gefettet.

- **Brennstoff** strömt als Gas in den Motor.
- Der Motor ist über eine Welle mit dem **Generator** verbunden.
- Von hier aus fließt **Strom** durch das Kabel zum „Verbraucher“.

- Vom Motor strömt die **Abwärme** zu den Heizkörpern im Haus.

KOHL VERLAG Lernwerkstatt UMWELT & UMWELTSCHUTZ
Warum Nachhaltigkeit für unsere Zukunft von großer Bedeutung ist – Bestell-Nr. 11 361

12. Das Klima und der Abfall

EA

Aufgabe 1: *Du brauchst diese Silben:*

Pflan – ab – Kli – schwe – Me – ma – Wäl – ster – fel – tall – ben – zen – hal – sal – ti – ze – der – ge

Unser Boden trägt und ernährt die ______________________ . Und die wiederum bestimmen unser ____________________ so lange es sie gibt. Es sind aber nicht einzelne Arten die bedroht sind oder absterben. Es sind ganze ________________ , die durch __________________________ Gase erkranken und ________________ . Außerdem gelangen noch ________________________ aus Abfallstoffen in den Boden und vergiften ihn ebenfalls.

Geschädigter Wald

Lernwerkstatt UMWELT & UMWELTSCHUTZ
Warum Nachhaltigkeit für unsere Zukunft von großer Bedeutung ist – Bestell-Nr. 11 361
KOHL VERLAG

12. Das Klima und der Abfall

EA

Aufgabe 2: *Errate die fehlenden Wörter:*

Boden und Pflanzen machen allein noch kein Klima. Motor unseres Klimas ist die von der Erde aufgenommene ______________________________ der Sonne. An der Entstehung des Klimas beteiligt sind auch ____________________, Flüsse und Seen, Schnee- und Eisflächen und die belebte Natur.

Darüber hinaus haben ________________________ Einwirkungen Einfluss auf das Klima. Dazu gehören das Abbrennen von tropischen Regenwäldern oder die _________________________ fossiler Energieträger.

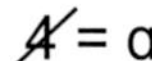

~~4~~ = a

~~1~~ = ~~1~~, ~~2~~, ~~3~~, ~~4~~, ~~7~~ = s

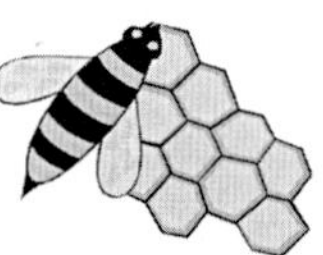

~~1~~, ~~2~~, + 6 = r

~~1~~ = g, ~~4~~, ~~5~~

~~3~~ = e, ~~4~~, ~~5~~, ~~6~~ = e

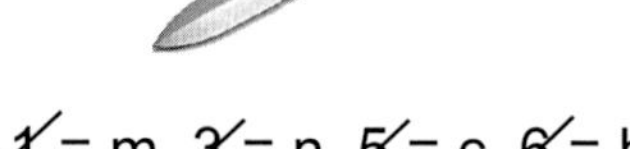

~~1~~ = m, ~~3~~ = n, ~~5~~ = c, ~~6~~ = h

~~1~~, ~~4~~ = c, ~~5~~ = h

~~1~~, ~~2~~ = V, ~~5~~ = f

~~1~~, ~~2~~

~~1~~, ~~2~~, ~~3~~, ~~4~~

Lernwerkstatt UMWELT & UMWELTSCHUTZ
Warum Nachhaltigkeit für unsere Zukunft von großer Bedeutung ist – Bestell-Nr. 11 361
KOHL VERLAG

13. Wie nützlich ist der Abfall?

EA

Aufgabe 1: *Was machst du mit diesen Wörtern:*

> **beseitigt – Deponie – giftige – eindeutig – abgelagert – Müllverbrennungsanlage**

Wir hören ständig das Wort „Abfallbeseitigung“. Aber so ganz ________________ ist dieses Wort nicht. Abfälle können nämlich nicht so einfach ________________ werden. Sie werden entweder ________________ , verwertet oder verbrannt. Meist wird der Müll auf einer ________________ abgelagert. An zweiter Stelle folgt die ______________________________. Aus Deponien und Müllverbrennungsanlagen können allerdings ________________ Stoffe entweichen.

EA

Aufgabe 2: *Du wirst uns brauchen:*

> **Bio – chen – Ener – Ener – Ex – ga – Gas – ge – ge – gie – gie – kre – land – li – mas – men misch – ni – nung – or – schaft – sche – se – te – win – wirt**

Zum Abfall oder Müll gehören auch ______________________ Abfälle. Interessant ist, dass in organischen Abfällen sehr viel ________________ gespeichert ist, und dass wir diese Energie kaum nutzen. Am leichtesten für die ______________________________ zu nutzen sind die Abfälle aus der Lebensmittel- und Futterproduktion: Stroh, Getreideabfälle, Schalen und Reststoffe der verschiedensten ______________________________ Produkte. Wertvolle Bio-Energie liefern auch tierische ________________________ von Rindern, Hühnern und Schweinen. Alle diese ______________________ lässt sich in Biogas-Anlagen zu einem brennbaren ________________________ umwandeln.

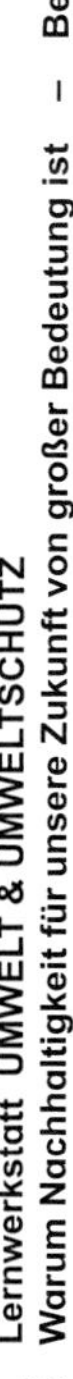
KOHL VERLAG
Lernwerkstatt UMWELT & UMWELTSCHUTZ
Warum Nachhaltigkeit für unsere Zukunft von großer Bedeutung ist – Bestell-Nr. 11 361

13. Wie nützlich ist der Abfall?

Biogas entsteht bei der Gärung von organischen Stoffen.
Schon während und nach dem Zweiten Weltkrieg war die Energie aus Abfällen interessant. Nach 1953 erzeugten 40 Kläranlagen der Bundesrepublik Deutschland über 20 Millionen Kubikmeter Biogas. Aber dann verdrängte das billige Erdöl das Biogas. Heute sind Biogas-Anlagen wieder aktuell. Aus Mist, Jauche und landwirtschaftlichen Abfällen kann gleichzeitig Energie und Dünger gewonnen werden. Aber auch Klärschlamm oder Abfälle von Molkereien eignen sich für die Biogas-Produktion.

Biogasanlage

EA

Aufgabe 3: *Was kann Biogas?*

a) *Biogas wird verbrannt und erzeugt* ______________________ .

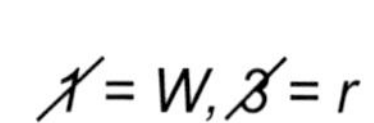

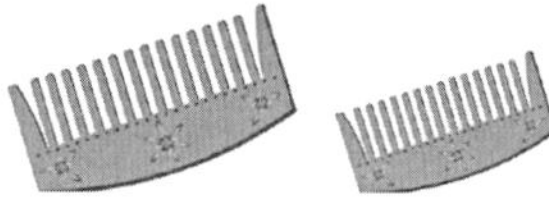

b) *Alle Motoren, die mit Gas (Erdgas) betrieben werden, können auch Biogas in*

______________________ *umwandeln.*

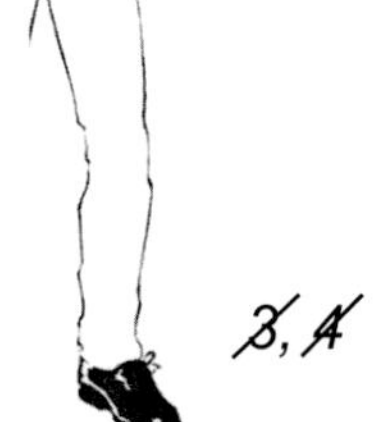

~~3~~, ~~4~~

~~1~~, ~~2~~, ~~3~~, ~~6~~ = g, ~~7~~

~~1~~, ~~2~~, ~~3~~, ~~4~~ + s

c) *Wenn diese Motoren mit einem Generator („Stromerzeuger") gekoppelt sind,*

fließt ______________________ *Strom.*

~~1~~ = e, ~~4~~ = k, ~~5~~, ~~6~~, ~~7~~ + r

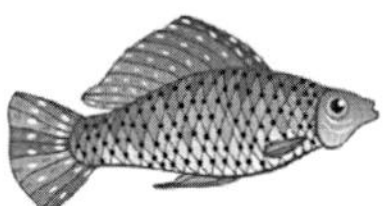

~~1~~, ~~6~~ = e, ~~7~~ = r

Lernwerkstatt UMWELT & UMWELTSCHUTZ
Warum Nachhaltigkeit für unsere Zukunft von großer Bedeutung ist – Bestell-Nr. 11 361

14. Wohlstand durch Müll aus Haus und Küche

EA

Aufgabe 1: *Diese Begriffe fehlen:*

Beseitigung – Produkte – gekippt – Straße – giftige – Hausmülls – Müllverbrennungsanlagen

Um im Wohlstand leben zu können, verwenden und verbrauchen wir in Haus und Küche vielfältige ______________________ , die uns jede Menge Müll und Abfall bescheren. Bevor die Mülltonne eingeführt wurde, war die ___________________ die Sammellinie für allen Abfall. Die Ratten besorgten den Rest. Es gab keine verstopften Müllgefäße, der Dreck wurde einfach vor die Tür _________________ . Das war in den Städten bis vor gut hundert Jahren noch so. Die Menge des __________________________________ pro Haushalt ist zwar sehr viel größer als vor hundert Jahren, aber heute gibt es mehr und bessere Möglichkeiten der _________________________________ . Wir haben Mülldeponien und ____ . Allerdings können daraus ____________________ Stoffe freigesetzt werden.

Müllbunker

Müllverbrennungsanlage

14. Wohlstand durch Müll aus Haus und Küche

EA

Aufgabe 2: *Damit diese Umweltprobleme so gering wie möglich gehalten werden, können wir*

a) *auf den Kauf unnötig verpackter Produkte* ______________________ .

~~1~~, ~~2~~ = v, ~~5~~

~~1~~ = z, ~~3~~ = c, ~~4~~ = h, ~~5~~

~~1~~ = t, ~~2~~, ~~3~~, ~~4~~

b) *Nicht vermeidbare Abfälle sollten* ______________________

______________________ *werden.*

~~1~~, ~~2~~, ~~3~~, ~~4~~

~~1~~ = t, ~~4~~ = n, ~~5~~ = n, ~~6~~ = t

~~1~~, ~~2~~, ~~3~~, ~~4~~

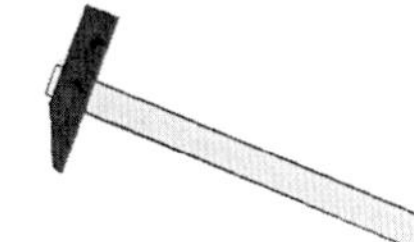

~~1~~ = s, ~~6~~ – l + t

c) *Danach können sie für das Recycling genutzt werden, wenn wir die*

______________________ *für Papier, Glas usw. nutzen.*

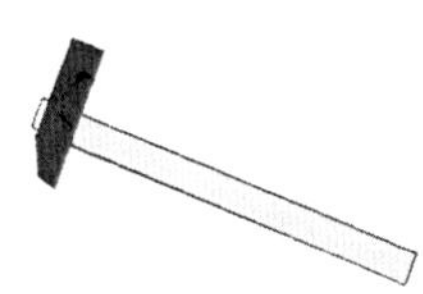

~~1~~ = S, ~~6~~ = l

~~1~~ = s, ~~3~~ = e, ~~4~~ = l

~~1~~, ~~2~~, ~~3~~, ~~4~~

d) *Küchen- und Gartenabfälle können zu* ______________________ * *werden. Dafür werden die Abfälle in einer Biotonne oder in einem Komposter gesammelt. In vielen Städten und Gemeinden gibt es Sammelstellen für größere Mengen Gartenabfälle.*

~~5~~ = o, ~~7~~ = t

* *Kompostierung: Organisches Material wie Laub, Holz, Garten- und Küchenabfälle werden von Bodenlebewesen zu nährstoffreichem Humus verarbeitet.*

e) ______________________ *wie Farben, Lösungsmittel oder Batterien gehören nicht in die Mülltonne. Diese umweltgefährdenden Produkte werden über die Problemstoffsammlung entsorgt.*

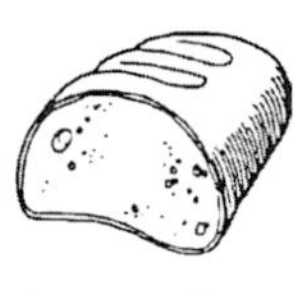

~~1~~ = P, ~~4~~ = b

~~1~~ = l, ~~2~~ = e, ~~4~~

~~1~~ = s, ~~3~~, ~~4~~, ~~5~~

~~1~~, ~~5~~

Lernwerkstatt UMWELT & UMWELTSCHUTZ
Warum Nachhaltigkeit für unsere Zukunft von großer Bedeutung ist – Bestell-Nr. 11 361

15. Schwer zu entsorgen – hartnäckiger Müll

PA

Aufgabe 1: *Müll zu entsorgen, klingt recht einfach – man wirft ihn einfach auf einen Haufen (Deponie?) und weg ist er. Er ist aus den Augen, mehr nicht.*

a) *Lies den folgenden Zeitungsartikel.*

Zechen-Sondermüll wird untersucht

Die NRW-Landesregierung will potenzielle Gefahren durch Sondermüll in alten Steinkohlebergwerken untersuchen lassen. Umwelt- und Wirtschaftsministerium kündigten eine zügige und unabhängige Überprüfung an. Die Gutachter sollen klären, ob das Grund- und Oberflächenwasser belastet oder gefährdet ist und ob die Überwachung ausgeweitet werden muss. Bisher ausgewertete Untersuchungsergebnisse lieferten keine Hinweise dafür, dass sich Schadstoffe aus dem gelagerten Müll gelöst hätten.

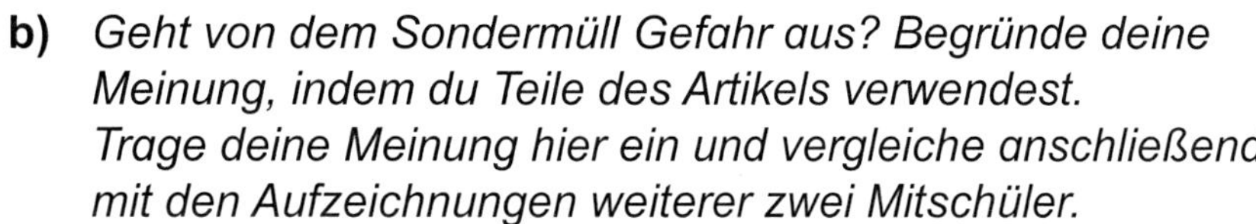

b) *Geht von dem Sondermüll Gefahr aus? Begründe deine Meinung, indem du Teile des Artikels verwendest. Trage deine Meinung hier ein und vergleiche anschließend mit den Aufzeichnungen weiterer zwei Mitschüler.*

KOHL VERLAG
Lernwerkstatt UMWELT & UMWELTSCHUTZ
Warum Nachhaltigkeit für unsere Zukunft von großer Bedeutung ist – Bestell-Nr. 11 361

15. Schwer zu entsorgen – hartnäckiger Müll

PA

Aufgabe 2: *Bei diesem Müll wissen wir es schon genauer.*
Trage diese Begriffe in den folgenden Lückentext ein.

geeignet – schädliche – Brennelemente – abschirmen – hochradioaktive – vollständig – Endlagerung – Atomkraftwerken – Isolierzeit – radioaktiver

Mit **Atommüll** sind vor allem abgebrannte ______________________________

und _________________________ Abfälle aus _________________________

gemeint. Eine sichere Endlagerung _______________________ Abfallstoffe muss

die von ihnen ausgehende _________________ Strahlung __________________

von der Umwelt (Biosphäre = Lebensraum) _______________________ . Je nach

Zusammensetzung der Abfallstoffe (z. B. aus Medizin und Atomforschung) beträgt

die _______________________ einige Jahrzehnte bis zu einigen 100.000 Jahren.

Für die _______________________ hat man z. B. die Eisenerzgrube Konrad (in

Salzgitter) und den Salzstock Gorleben geplant. Es ist aber noch völlig ungewiss,

ob diese Endlagerstätten überhaupt ______________________ sind.

Kernkraftanlage mit Brennelementen

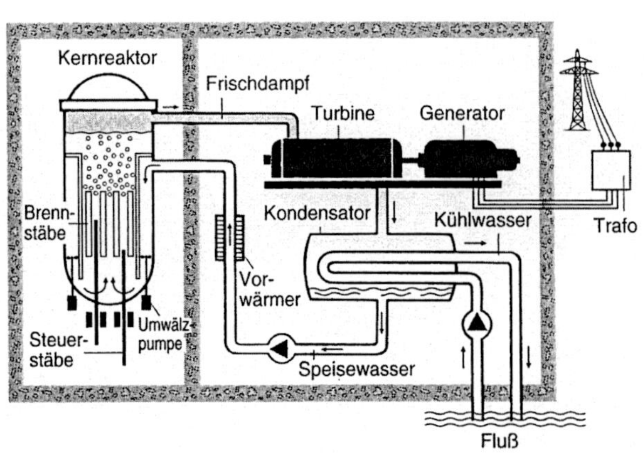

Lernwerkstatt UMWELT & UMWELTSCHUTZ
Warum Nachhaltigkeit für unsere Zukunft von großer Bedeutung ist – Bestell-Nr. 11 361

16. Wie gehen wir mit der Landschaft um?

EA

Aufgabe 1: *Hier geht es zunächst nur um den Naturschutz.*

Ver – sie – Land – Tou – kehr – Zer – lung – schaft – mus – de – wirt – ris

Hier geht es zunächst nur um den Naturschutz.

Naturschutz ist unbedingt erforderlich, weil

- die ______________________________ der Landschaft,
- der ____________________,
- die ____________________________ und
- der ______________________

die Natur so verändern, dass bestimmte Tier- und Pflanzenarten vom Aussterben bedroht oder bereits verschwunden sind.

EA

Aufgabe 2: *Hier geht es zunächst nur um den Naturschutz.*

Na – Be – bens – tur – ge – mein – ke – völ – Le – ge – schutz – rung – bie – schutz – te – ten – schaf

Mit dem Anwachsen der städtischen _________________________ vor etwa

150 Jahren nahm das Interesse der Menschen an der Natur als Erholungsraum zu.

Schließlich wurden ____________________________ eingerichtet.

Das sind Landschaftsgebiete zur Erhaltung von

____

oder Lebensstätten bestimmter wildwachsender

Pflanzen oder wildlebender Tiere.

Lernwerkstatt UMWELT & UMWELTSCHUTZ
Warum Nachhaltigkeit für unsere Zukunft von großer Bedeutung ist – Bestell-Nr. 11 361
KOHL VERLAG

16. Wie gehen wir mit der Landschaft um?

EA

Aufgabe 3:

In Naturschutzgebieten ist es verboten, mit dem ________________ oder mit dem ____________________ zu fahren. Man darf auch kein ______________ machen. Verboten sind außerdem ___________________ und ___________________ .

Naturschutzgebiet

~~1~~, ~~2~~ = A, ~~4~~ = t + o

~~1~~ = M, ~~2~~ ~~1~~ = o, ~~2~~ ~~1~~ = r

~~1~~, ~~2~~ = F, ~~4~~ = u, ~~5~~ ~~1~~, ~~2~~, ~~5~~ ~~1~~, ~~2~~, ~~3~~, ~~4~~ = r + e + n ~~1~~ = z ~~1~~, ~~2~~, ~~5~~

ge - Be - Spa - Lei - Pflan - tre - zier - ne - zen - ten - gän - stört - ger

__________________________ dürfen die festen Wege nicht verlassen, und das ______________________ der daran angrenzenden Flächen ist verboten. Es dürfen keine ____________________ gepflückt oder Tiere __________________ werden. Hunde müssen an der _________________ geführt werden.

EA

Aufgabe 4: *Rücksicht auf die Natur nehmen – das gilt nicht nur für unsere Naturschutzgebiete. Am Stadtrand hatte eine Imbissfiliale eröffnet. Kunden fuhren mit ihrem PKW vor und holten sich den leckeren Imbiss ins Auto. Dann fuhr man an den nahen Feldrand, aß genüßlich und entsorgte den Plastikbecher und den anderen Verpackungsmüll an den Feldrand. Für dieses Verhalten gibt es natürlich eine Erklärung.*

faul - Be - Ge - schafts - Denk - keit - quem - sinn - lich - heit - mein

Wenn Abfälle einfach aus dem Auto oder bei Spaziergängen weggeworfen werden, ist das zurückzuführen auf einen schlecht entwickelten

___________________________ , auf ________________________________

und auf ________________________ einiger Wohlstandsbürger.

Lernwerkstatt UMWELT & UMWELTSCHUTZ
Warum Nachhaltigkeit für unsere Zukunft von großer Bedeutung ist – Bestell-Nr. 11 361

17. Aufgeräumte Landschaften

Mit einer Kritik beginnt es oft – und dann folgen keine Maßnahmen.
So sollte es nicht sein, und so ist es auch nicht überall, jedenfalls nicht im Emsland.

Aufgabe 1: *Vervollständige den folgenden Text mit diesen Begriffen:*

sinnvoll – intensive – Seitenraum – Landschaft – Anbau – Hasen – Nachteile – landwirtschaftlichen – Kartoffeln – wildlebende

Wenn die ____________________ aufgeräumt ist, haben Natur und Tierwelt ____________________. Die Landschaft wurde nämlich aufgeräumt durch eine ____________________ Nutzung von Flächen für ____________________ Anbau. Wir brauchen selbstverständlich den ____________________ von Getreide, ____________________, Mais oder Rüben. Es ist aber ____________________, bei der Feldbestellung nach der Ernte einen ____________________ zu lassen. Hier können sich ____________________ Tiere zurückziehen, von der Biene bis zum ____________________ .

Aufgabe 2: *Überlegt die folgenden Fragen und versucht, zu einem Ergebnis zu gelangen.*

a) *Gibt es in eurer Wohngegend ähnliche Probleme, gibt es aufgeräumte Landschaften?*

b) *Wer ist bei euch für dieses Thema zuständig, Landkreis, Stadt oder Gemeinde?*

c) *Wie könntet ihr euch für das Problem der fehlenden Seitenräume einsetzen?*

18. Tropischer Regenwald

EA

Aufgabe 1: *Errate die fehlenden Wörter.*

Der Regenwald entsteht nur dort, wo ausreichend Niederschläge auftreten.

Im tropischen Regenwald finden sich die artenreichsten ________________ der Erde. Wenn dieser Wald einmal vernichtet ist, können sich die Restbestände nicht erneuern. Jährlich werden Tausende Quadratkilometer Wald ____________ oder ______________ .

Abgebrannt wird der Regenwald, um Plantagen anzulegen und in großem Maße mit riesigen Rinderherden ________________ zu betreiben.

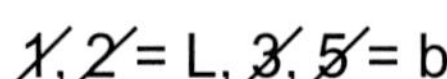

~~1~~, ~~2~~ = L, ~~3~~, ~~5~~ = b

~~1~~, ~~2~~

1, 2, 3, 4

~~1~~ = m

~~1~~ = s, ~~4~~ = a, ~~6~~ = t

~~1~~, ~~4~~, ~~5~~

~~1~~, ~~2~~, ~~3~~, ~~4~~

~~1~~ = b, ~~3~~ = a, ~~6~~ = t, ~~7~~

~~1~~, ~~4~~, ~~5~~

~~1~~, ~~2~~, ~~3~~, ~~4~~

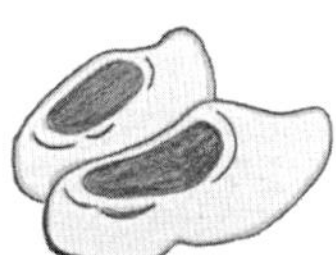

~~1~~ = h, ~~5~~ = t, ~~6~~, ~~7~~, ~~8~~, ~~9~~, ~~10~~

~~1~~ = V, ~~4~~ = h, ~~5~~

~~1~~ = w, ~~5~~

~~1~~ = s, ~~6~~ = t

Lernwerkstatt UMWELT & UMWELTSCHUTZ
Warum Nachhaltigkeit für unsere Zukunft von großer Bedeutung ist – Bestell-Nr. 11 361

18. Tropischer Regenwald

EA

Aufgabe 2: *Diese Wörter werden passend eingesetzt.*

Methan – unfruchtbarer – Treibhausgas – umweltgefährdende – Brandrodung – Rinderherden – Sauerstoffproduzent

Wo der Regenwald gerodet wird, bleibt ______________________ Boden zurück. Zu bedenken ist auch, dass der Regenwald ein bedeutender ______________________ ist. Bei der ______________________ wird das ______________________ CO_2 freigesetzt. Und wenn dann riesige ______________________ gehalten werden, setzen die Tiere bei jedem Pup das ______________________ ______________________ frei.

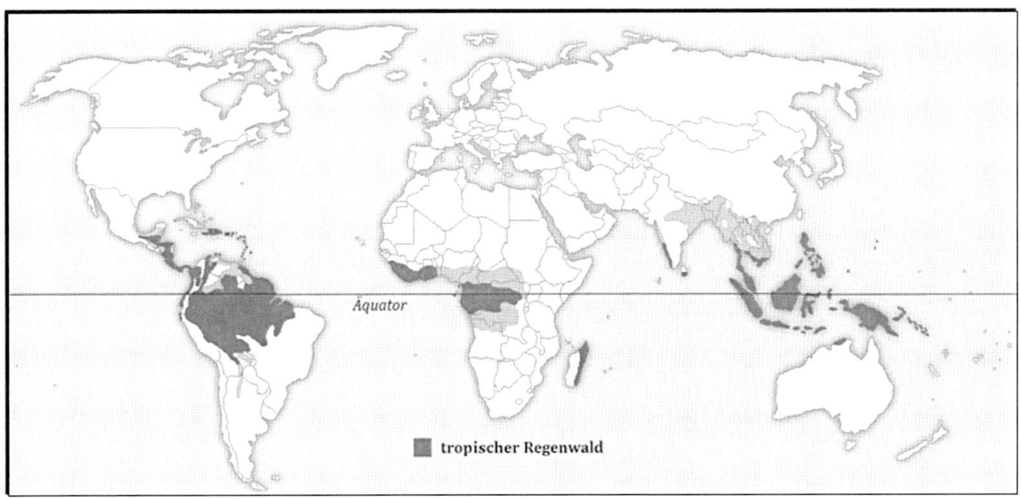

Lernwerkstatt UMWELT & UMWELTSCHUTZ
Warum Nachhaltigkeit für unsere Zukunft von großer Bedeutung ist – Bestell-Nr. 11 361
KOHL VERLAG

19. Deiner Umwelt zuliebe

EA

Aufgabe 1: *Wir nutzen sie ständig, die elektrische Energie. Diese Energieform lässt sich ohne weiteres in andere Energieformen umwandeln. Mit ihr erzeugen wir Licht und mithilfe von Motoren erzeugen wir mechanische Arbeit, und in Wärme wird die elektrische Energie auch gewandelt.*

a) *Im Haushalt bei uns zu Hause befinden sich Lampen in/im ...*

____

____

b) *Bei uns werden Elektromotoren angetrieben. Sie befinden sich in ...*

____

____

c) *Im Haushalt kann elektrische Energie in Wärme gewandelt werden, indem ...*

____

____

____

EA

Aufgabe 2: *Das ist selbstverständlich geworden:*

Wenn wir elektrische ________________ nutzen wollen, entnehmen wir sie aus der Steckdose. Dann denken wir nicht darüber nach, welche ____________________ es gibt. Unsere elektrische Energie wird in thermischen Kraftwerken erzeugt, wozu auch Kernkraftwerke gehören.

1 = E, 2 = n, 5 = g   1, 4, 5   1 = P, 4 = b   1, 3 = e

Lernwerkstatt UMWELT & UMWELTSCHUTZ
Warum Nachhaltigkeit für unsere Zukunft von großer Bedeutung ist – Bestell-Nr. 11 361
KOHL VERLAG

19. Deiner Umwelt zuliebe

Thermisches Kraftwerk

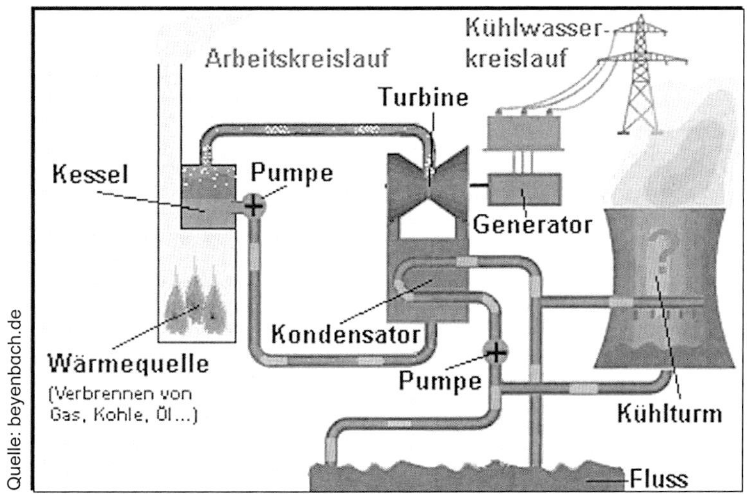

Quelle: beyenbach.de

Aber diese Kraftwerke haben den Nachteil, dass die erzeugte ______________________

nur etwa zu einem Drittel in Elektrizität umgewandelt wird. Der große Rest

geht meist als Abwärme ______________________________ .

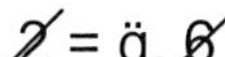

~~2~~ = ä, ~~6~~

~~1~~,~~2~~ = v, ~~5~~ = l

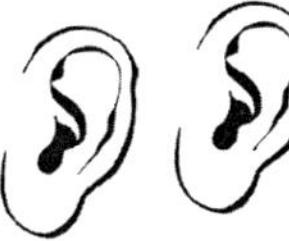

~~1~~ = o, ~~2~~

Aufgabe 3:

Wie soll man denn elektrische Energie sparen?

... braucht ihr im Haushalt denn unbedingt für alles die Spülmaschine oder den elektrischen Wäschetrockner oder geht es auch anders? Und dann alle möglichen Lampen an und alle Geräte im Standby-Betrieb ...

Was würdet ihr dem überforderten Schüler links noch antworten?

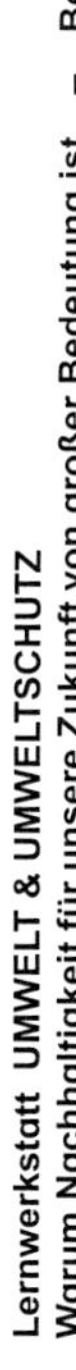

20. Sinnvoll einkaufen – wie geht das?

Man kann gesunde oder weniger gesunde Dinge kaufen. Sind diese Dinge gesund oder ungesund, für uns und für unsere Umwelt?
An die Umwelt wird beim Einkauf selten oder gar nicht gedacht. Das kann ab jetzt anders werden.

EA

Aufgabe 1: **a)** *Diese Silben brauchst du:*

Ener - stel - Her - gie - lung

Für die ______________________ von Waren aller Art wird außer den entsprechenden Rohstoffen auch ______________________ benötigt.

b) **pa - Trans - ge - Ver - port - La - ckung - rung**

Wenn die Produkte dann in den Geschäften zum Verkauf angeboten werden, entsteht durch ______________________ , ______________________ und ______________________ wiederum ein Bedarf an Energie.

c) **ver - über - kehrs - brauchst - gen - mit - Ver - le - tel**

Nun ist für dich als Käufer noch zu ______________________ , auf welchen Wegen und mit welchem ______________________ du den Weg zum Kaufhaus zurücklegst – und dabei mehr oder weniger Energie ______________________ .

Lernwerkstatt UMWELT & UMWELTSCHUTZ
Warum Nachhaltigkeit für unsere Zukunft von großer Bedeutung ist – Bestell-Nr. 11 361

20. Sinnvoll einkaufen – wie geht das?

EA

d) **stel - ma - al - Her - Ver - te - lung - pa - ri - ckungs**

_______________________________ wird oft mit sehr großem Energieaufwand hergestellt. Sehr viel Energie verbraucht die _______________ von Aluminium (Getränke- und Spraydosen).

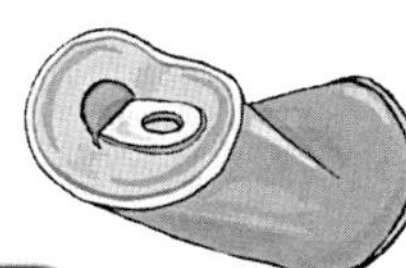

e) **ge - tief - auf - Ener - kühl - gie - wand - te**

Konserven und ___________________________ Lebensmittel müssen mit hohem __________________________ haltbar gemacht werden. Deshalb ist es sinnvoll, möglichst frisches Fleisch oder Gemüse zu kaufen.

f) **ali - Ver - nung - stoff - pa - Roh - ckungs - ge - ma - win - ri - en - te**

Manche _____________________________ (Glas, Aluminium, Metalle und Bleche) können zur erneuten __________________________ eingesetzt werden. So wird enorm viel Energie eingespart. Deshalb sollten wir dieses Material sammeln und den entsprechenden Stellen zuführen.

g) **Hei - Ein - lung - zung - kaufs - Küh - tren - zen**

_______________________________ an den Stadträndern können Waren oft preisgünstig anbieten. Sie verbrauchen aber große Mengen an Energie für Transport und Lagerung der Produkte. Ebenso für _________________ und _____________________ der Lager- und Verkaufsräume. Die Ware kostet zusätzlich Energie, wenn die Kunden den Weg zum Einkauf mit dem Auto hinter sich bringen müssen.

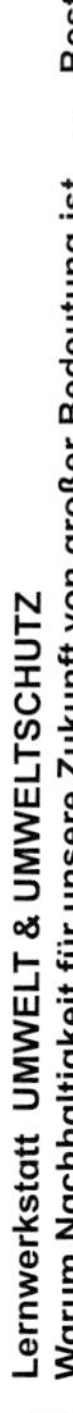

21. Tipps für den Einkauf

Es kann durchaus sein, dass du nach der Schulzeit eine Ausbildung in einer anderen Stadt machst oder irgendwann mal studierst.
Dann brauchst du eine „Bude“, und eingerichtet wird sie auch sein mit ...

EA

Aufgabe 1: **a)** *Vielleicht brauchst du auch einen Kühlschrank mit Gefrierfach; schließlich sollen deine Lebensmittel ja haltbar bleiben.*

Du musst nur noch darauf achten, dass der ________________ weit genug entfernt steht.

~~1~~,~~2~~ = H

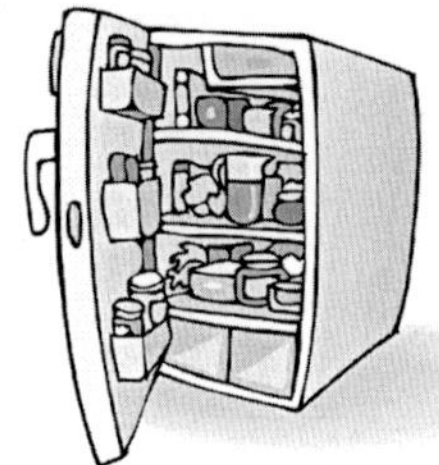

b) *Du lebst noch zu Hause, also ohne eigene „Bude“. Aber auch hier kannst du überlegen, wie du die Umwelt schonst. Vielleicht überlegt ihr gemeinsam, wie ihr eure Vorräte kühlen wollt.*
Zu überlegen ist auf jeden Fall, welches der Geräte sparsam im Energieverbrauch ist. Wenn es wieder einmal so heiß ist, läuft die Gefriertruhe oder der Gefrierschrank ununterbrochen.

Die ________________ benötigt

allerdings etwa 12 % weniger Strom.

~~1~~ = T, ~~4~~ = h, ~~5~~,~~7~~

c) *Es ist nicht der Herd allein, der den Energieverbrauch des Kühlgerätes in die Höhe schnellen lässt. Die Umgebungstemperatur steigt beträchtlich bei Sonneneinstrahlung und durch die Wärme des*

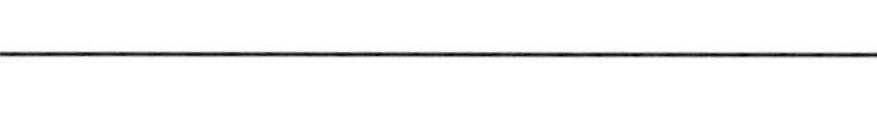

________________________ .

~~1~~,~~2~~,~~3~~ = H, ~~6~~ = z

~~1~~ = k, ~~4~~ = p + s

Was ist zu tun?

d) *Du solltest außerdem immer die Tür des Kühlgerätes nur so kurz wie unbedingt nötig öffnen. Einströmende warme Luft führt nämlich im Gerät zur Eisbildung,*

und das führt zur ________________________ *des Stromverbrauches.*

~~1~~,~~2~~,~~3~~ = E, ~~5~~

~~1~~ = h, ~~4~~,~~5~~

~~1~~,~~2~~,~~3~~,~~4~~

Lernwerkstatt UMWELT & UMWELTSCHUTZ
Warum Nachhaltigkeit für unsere Zukunft von großer Bedeutung ist – Bestell-Nr. 11 361

22. Das kannst du täglich für deine Umwelt tun

EA

Aufgabe 1: *Es lässt sich nicht vermeiden, das Abwasser.*
Das ist Wasser, das nach der Nutzung verändert wieder abfließt.
Auch das von Dächern und Straßen abfließende Regenwasser gehört dazu.
Das sind deine Silben:

ni – Che – li – Rei – gung – ka – mi – en – Au – na – Ka – to – li – ti – sche – sa – wä – on

Du kannst dazu beitragen, das Abwasser zu entlasten. Giftige

______________________________ und technische Öle gehören nicht in die Toilette.

Sie können die ____________________________ in der Kläranlage gefährden.

Bei der ___________________________ sollte man darauf achten, dass das Abwasser

auch wirklich in die _____________________________ fließt und nicht ins Gelände.

EA

Aufgabe 2: *Die brauchst du:*

Klein – auf – sam – streu – Ab – be – ten – merk – was – las – ser – tier

Kläranlagen können schon sehr viel. Dennoch sollten wir sie nicht übermäßig

________________________ . Was nämlich erst gar nicht ins ____________________

gelangt, muss auch nicht mühsam wieder entfernt werden.

Ins Abwasser dürfen nicht gelangen: Rasierklingen, Zigarettenkippen, Katzen- und

_________________________________ oder Windeln.

Das meiste wirst du weder haben noch abspülen. Aber nun bist du schon

________________________________ geworden und kennst Probleme, die man

vermeiden sollte.

Lernwerkstatt UMWELT & UMWELTSCHUTZ
Warum Nachhaltigkeit für unsere Zukunft von großer Bedeutung ist – Bestell-Nr. 11 361

22. Das kannst du täglich für deine Umwelt tun

Aufgabe 3: *Die Silben:*

teln – düngt – Sam – Schäd – stel – lings – fungs – mel – ge – be – le – mit – kämp

In vielen Haushalten gibt es Zimmerpflanzen. Die werden ab und zu

______________________ oder mit ____

besprüht. Reste dieser Stoffe gehören nicht in das Abwasser sondern

zur ______________________________ für Problemabfälle.

Aufgabe 4: *Ihr habt gelesen, was nicht ins Abwasser und nicht in die Kläranlage gelangen darf.*
In vielen Haushalten gibt es giftige Substanzen oder andere Stoffe, die nicht abgespült werden sollen. Sprecht kurz darüber und tauscht aus, welche solcher Stoffe ihr zu Hause habt – und wie ihr die Reste bisher entsorgt habt.

Aufgabe 5: *Diese Symbole sind auf Verpackungen oder Behältern angebracht, die gesundheitsgefährdende Stoffe enthalten. Dazu gehören z. B. Lacke, Verdünner, Klebstoffe oder Wandfarben. Gesundheitsgefährdend sind die in den so gekennzeichneten Verpackungen enthaltenen Stoffe für den Menschen. Aber auch für die Umwelt stellen sie eine Gefahr dar. Deshalb werden Reste dieser Stoffe nicht in die Toilette und nicht im Hausmüll sondern bei Schadstoffsammlungen entsorgt.*

Seht die Symbole an und sprecht kurz darüber, auf welchen Verpackungen ihr sie gesehen habt.

Lernwerkstatt UMWELT & UMWELTSCHUTZ
Warum Nachhaltigkeit für unsere Zukunft von großer Bedeutung ist – Bestell-Nr. 11 361

Lösungsvorschläge

Wahlaufgaben

Deponie: Abfällen, Umwelt, Gefährlichkeit, Abdichtung; **Kochen:** Garen, nährstoffschonenden, Einsatz, Garzeit, Vitaminen, zerstört; **Smog:** Wintersmog, Luftaustausch, Ballungsgebieten, Nebel, Schwefeldioxid, Straßenverkehr; **Recycling:** Rückführung, Recycling, Wertstoffe; **Schwefeldioxid:** fossilen, freigesetzt, Konzentration, Staubbelastung, Abbau; **Emmission:** Ausstoß **Immission:** Einwirken; **Brennstoffe:** Erdgas, Heizöl; **Duale Abfallwirtschaft:** Sammelsystem, Verpackungsabfälle, gekennzeichnet, gekennzeichneten, abgeholt; **Ökologie:** Lebewesen, Umwelt, Lebensbedingungen, Ökologie, schädlichen, Wasserverschmutzung, Lebensraum; **Probleme beim Umweltschutz:** Recycling, Energie, Weltmeere, Atmosphäre

1. Der Mensch will keine Beeinträchtigungen

1. Nahrung, Unversehrtheit, Sicherheit
2. Links von oben nach unten: Schädigung, Unsicherheit, Hunger. Unten rechts: Nahrung
3. a) Notblüte, b) Resten, c) schmecken, d) vermeiden, e) Hunde

2. Der Mensch will nicht nur leben

1. Sicherung, geschützt, Überfluss, Wohlstand, Kosten, Wohlstand, Massenwohlstand
2. Rechts von Sorglosigkeit wird „Leben im Wohlstand" eingetragen. Rechts unter Sorglosigkeit: „Nahrung im Überfluss"

3. Leben im Wohlstand = Leben in verschmutzter Luft?

1. Luft, Wasser, Boden
2. Mensch, Tier, Pflanze
3. zugemutet, Umwandlung, Luftverschmutzung, Kraftwerke, elektrischer, Düsenmaschinen, Auspufftöpfen
4. Kupfer, Aluminium, Blei, Zink
5. Luftverschmutzung, schädliche, Schwefeldioxid, Wäldern, Treibhauseffekt, Erkrankungen, Säuglinge
6. a) Personenkilometer; b) Es geht hier um den Energieverbrauch für eine einzelne beförderte Person, wenn sie 1 km fährt/gefahren wird; c) ideales; d) individuelle Lösungen; e) individuelle Lösungen.

4. Der Mensch verändert die Umwelt

1. Umwelt, aufnimmt, Überleben, Tiere, Pflanzen, Grundbausteine
2. Bedürfnisse, verändert

5. Wozu brauchen wir Erdöl?

1. 1. Butterbrotdose, Saftflasche; 2. Sonnencreme; 3. Fahrradschlauch; 4. Turnschuhe, Waschmittel; 5. Strumpfhose, Medizin; 6. Kunststoffe, Kaugummi; 7. Druckfarbe, Modeschmuck; 8. Anstrichfarbe, Mobiltelefon; 9. Pflanzenschutzmittel, Dünger
2. leichter, schwefelärmer, einfacher, entschwefelt
3. Nachteile, beliebt, erschöpft

6. Was ist Umwelt?

1. Merkwelt, Wirkwelt
3. übertragen, unterscheidet, Kultur, Prinzip, Umwelt

7. Ursachen von Umweltproblemen

1. Bevölkerungsexplosion, Luxusgüter, Bevölkerung, Umweltbelastung, Sauerstoff, Nahrungsmittel, Körperpflege
2. Ballungszentren, umweltfeindlich, sauerstoffarm
3. a) reicher, Gefahren, fristeten, Nötigste, hielten, ganzes;
b) Industrie, schneller, produzieren, Qualität, Werbung, allgemeinen

8. Über den Treibhauseffekt

1./2. Zeichnung fertig gezeichnet:

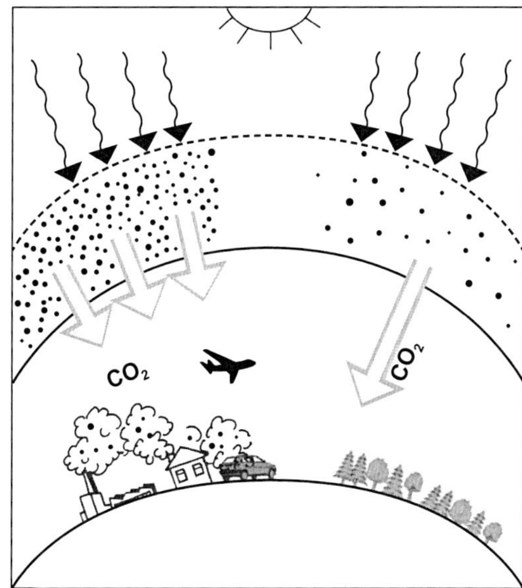

3. Strom, Heizung, Wirkung, Verzicht, Autofahren, Fahrrad, öffentliche

9. Was ist Umweltschutz?

1. Raubbau, Abfallmengen, Vergiftung, Zunahme, Industrieabwässer, Gewässer, erstorben, Automotoren, Ballungsgebieten
2. Ansteigen, Wasserverschmutzung

10. Was ist Energie?

1. a) Überreste, Sonnenenergie, Energieträger, Energieinhalt
b) umgewandelt, Wärmeenergie

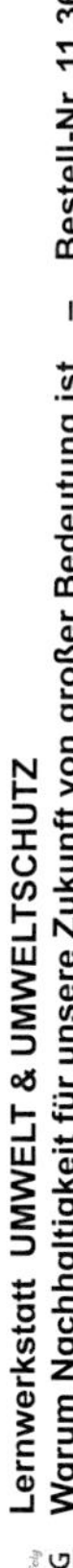

Lösungsvorschläge

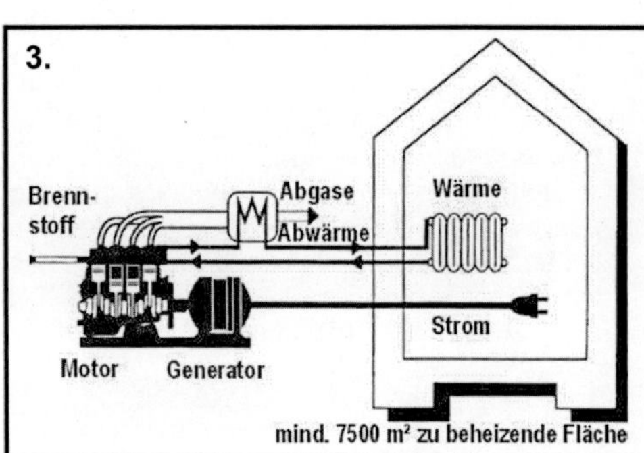

11. Was ist ... was sind ...?

1. Kraftwerke, Wärme, Versorgung, Wohngebieten, Erdgas, Biogas, Energieumwandlung
2. Automotor, Generator, Stromkreis

12. Das Klima und der Abfall

1. Pflanzen, Klima, Wälder, schwefelhaltige, absterben, Metallsalze
2. Strahlungsenergie, Meere, menschliche, Verfeuerung

13. Wie nützlich ist der Abfall?

1. eindeutig, beseitigt, abgelagert, Deponie, Müllverbrennungsanlage, giftige
2. organische, Energie, Energiegewinnung, landwirtschaftlichen, Exkremente, Biomasse, Gasgemisch
3. a) Wärme; b) Bewegungsenergie; c) elektrischer

14. Wohlstand durch Müll aus Haus und Küche

1. Produkte, Straße, gekippt, Hausmülls, Beseitigung, Müllverbrennungsanlagen, giftige
2. a) verzichten; b) getrennt gesammelt; c) Sammelstellen; d) Kompost; e) Problemstoffe

15. Schwer zu entsorgen – hartnäckiger Müll

1. Es gibt noch keine Untersuchungsergebnisse, die bleiben abzuwarten. Dann lässt sich erst entscheiden, ob von dem Sondermüll in den Bergwerken Gefahr ausgeht. Dann können auch erst Maßnahmen überlegt und beschlossen werden.
2. Brennelemente, hochradioaktive, Atomkraftwerken, radioaktiver, schädliche, vollständig, abschirmen, Isolierzeit, Endlagerung, geeignet

16. Wie gehen wir mit der Landschaft um?

1. Zersiedelung, Verkehr, Landwirtschaft, Tourismus
2. Bevölkerung, Naturschutzgebiete, Lebensgemeinschaften
3. Auto, Motorrad, Feuer, rauchen, zelten, Spaziergänger, Betreten, Pflanzen, gestört, Leine
4. Gemeinschaftssinn, Bequemlichkeit, Denkfaulheit

17. Aufgeräumte Landschaften

1. Landschaft, Nachteile, intensive, landwirtschaftlichen, Anbau, Kartoffeln, sinnvoll, Seitenraum, wildlebende, Hasen

18. Tropischer Regenwald

1. Lebensgemeinschaften, abgebrannt, abgeholzt, Viehwirtschaft
2. unfruchtbarer, Sauerstoffproduzent, Brandrodung, Treibhausgas, Rinderherden, umweltgefährdende, Methan

19. Deiner Umwelt zuliebe

1. Individuelle Lösungen.
2. Energie, Probleme, Wärme, verloren

20. Sinnvoll einkaufen – wie geht das?

1. a) Herstellung, Energie; b) Lagerung, Transport, Verpackung; c) überlegen, Verkehrsmittel, verbrauchst; d) Verpackungsmaterial, Herstellung; e) tiefgekühlte, Energieaufwand; f) Verpackungsmaterialien, Rohstoffgewinnung; g) Einkaufszentren, Heizung, Kühlung

21. Tipps für den Einkauf

1. a) Herd; b) Truhe; c) Heizkörpers; d) Erhöhung

22. Das kannst du täglich für deine Umwelt tun

1. Chemikalien, Reinigung, Autowäsche, Kanalisation
2. belasten, Abwasser, Kleintierstreu, aufmerksam
3. gedüngt, Schädlingsbekämpfungsmitteln, Sammelstelle
5. von links nach rechts: Gefahren durch Batterien, gesundheitsschädigend/reizend, umweltschädigend, giftig, explosiv, feuergefährlich

KOHL VERLAG Lernwerkstatt UMWELT & UMWELTSCHUTZ Warum Nachhaltigkeit für unsere Zukunft von großer Bedeutung ist – Bestell-Nr. 11 361